LES JARDINS PAYSAGERS

DES JARDINS À VIVRE

LES JARDINS PAYSAGERS

RUPERT GOLBY

HATIER

Première publication en 1994
par Conran Octopus Limited
37 Shelton Street, London WC2N 9HN

sous le titre
The Well-Planned Garden
in The Royal Horticultural Society Collection

© Conran Octopus Limited 1994

Textes et dessins originaux © Rupert Golby, 1994

Maquette © Conran Octopus Limited, 1994

Toute représentation, traduction, adaptation et reproduction, même partielle, par tous procédés en tous pays, faite sans autorisation préalable, est illicite et exposerait le contrevenant à des poursuites judiciaires. Réf. Loi du 11 mars 1957.

Tous droits réservés.

Publication en langue française
par les Editions Hatier,
8, rue d'Assas, Paris 6e
dans une adaptation de Pascal Varejka
sous le titre :
Les Jardins paysagers
dans la collection
Des Jardins à vivre

© Les Editions Hatier, Paris, 1994
pour la langue française

Dépôt légal : 95.01.04, janvier 1995
ISBN : n° 2.218.06126.0

Tous droits réservés

PAGE 1 : *Ce lion de pierre se détache majestueusement sous l'arche donnant sur une haie de hêtres.*
PAGE 2 : *Ce jardin clos est établi sur deux niveaux dallés qui communiquent par une volée de marches. Des clématites, des roses et du lierre recouvrent les murs.*
CI-CONTRE : *Haies d'ifs surmontées de platanes à feuilles d'érable palissés.*

L'ouvrage en langue française a été composé par
Euronumérique, Sèvres,
imprimé et relié à Hong-Kong.

SOMMAIRE

Qu'est-ce qu'un jardin bien conçu ?   7

Concevoir un plan d'ensemble   13

Les éléments verticaux   27

Les éléments horizontaux   59

L'ornementation du jardin   93

Calendrier   103

Choix de plantes   109

Index   124

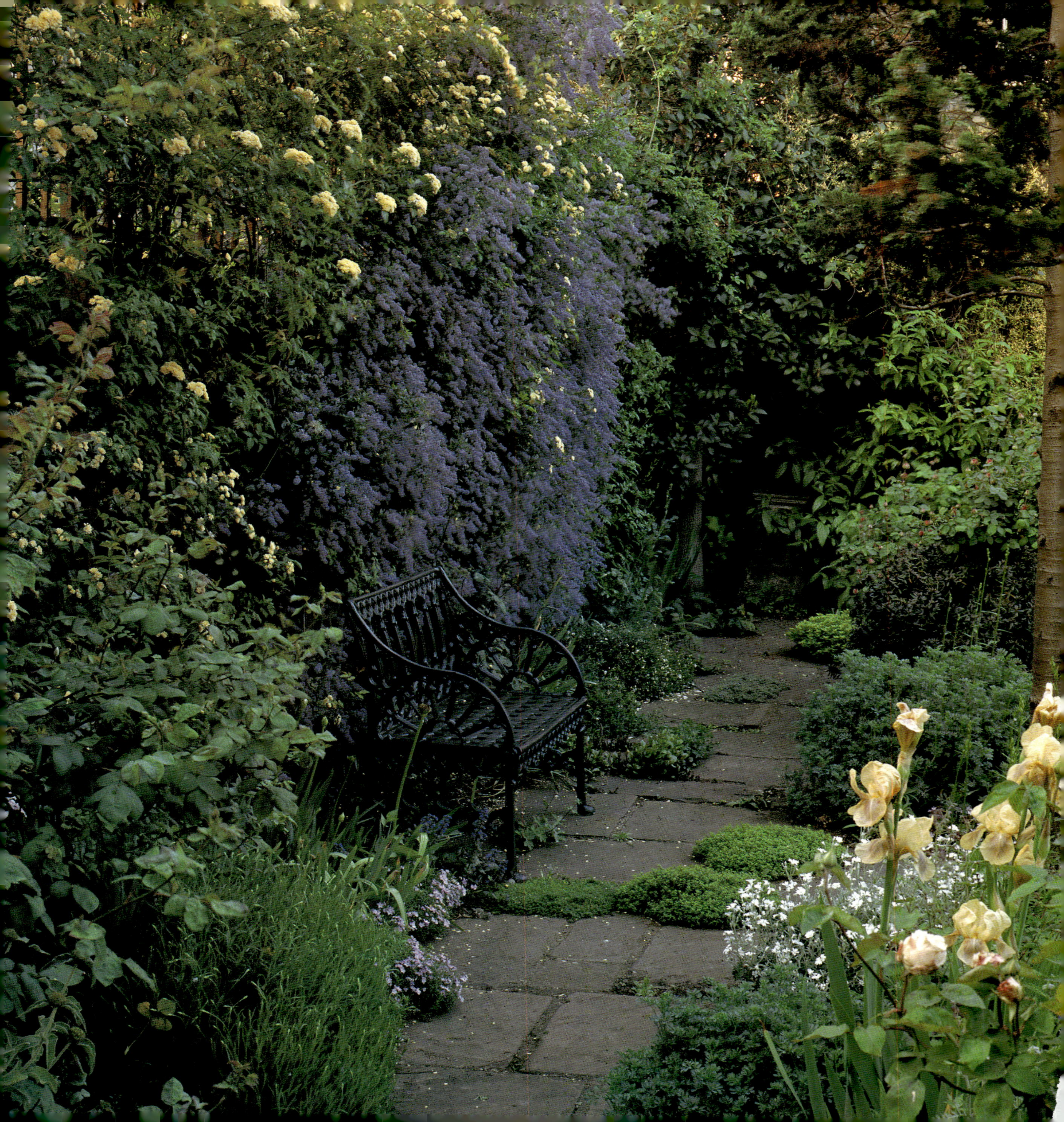

QU'EST-CE QU'UN JARDIN BIEN CONÇU ?

Chaque jardin est unique. Par sa taille, sa forme et ses composants. Il n'y a pas de recette universelle permettant de créer un jardin bien aménagé — c'est d'ailleurs très souvent son aspect singulier qui fait son charme. Mais si vous consacrez un peu de temps à la phase de conception, vous aurez par la suite la satisfaction de posséder un jardin harmonieux répondant à toutes vos aspirations.

Cet angle intime d'un jardin au cœur de l'été présente tout le charme d'un salon d'extérieur. Le banc est entouré par un foisonnement de plantes grimpantes appréciant le soleil. Le rosier banks (Rosa banksiae 'Lutea') fait retomber une pluie de fleurs d'un jaune profond sur les Ceanothus 'Cascade' bleu saphir. Les iris barbus s'associent harmonieusement aux roses jaunes. L'allée de pierres, empiétée par des plantes basses, est praticable toute l'année.

QU'EST-CE QU'UN JARDIN BIEN CONÇU ?

Quand on conçoit son jardin avec soin, on ne se préoccupe pas uniquement de son esthétique, mais on pense également à son aspect fonctionnel, c'est-à-dire que les allées se trouvent au bon endroit, que la terrasse jouit de l'ombre nécessaire, que les aires de travail sont dérobées au regard, qu'un espace a été prévu pour laisser jouer les enfants... Quels que soient les éléments qui le composent, on doit y noter un cheminement logique et un thème unificateur, qu'il s'agisse d'un matériau spécial, d'un coloris ou d'un type de plantes.

Que l'on parte de rien ou que l'on transforme un jardin déjà existant, il est indispensable de consacrer un minimum de temps aux étapes préliminaires de réflexion et de conception. Trop souvent, on constate que l'on aurait pu éviter des erreurs si l'on avait examiné avec soin les options concernées durant la phase initiale. Et en agissant de façon trop précipitée, on risque également de négliger d'intéressantes possibilités que l'on envisage lorsqu'il est trop tard.

Il faut savoir ce que vous attendez de votre jardin et donc réfléchir aux principales plantes et aux matériaux que vous allez employer pour les dallages, les murs et les haies. Aujourd'hui, il existe un très large éventail de matériaux qui peut parfois déconcerter. Pour opérer cette sélection, en plus des questions de coût, d'adéquation au cadre et de goût personnel, il faut tenir compte du climat local afin de choisir les matériaux qui se révèlent durables et efficaces.

L'observation critique des autres jardins est à ce stade une source directe d'enseignements, positifs ou négatifs. Dès que vous commencerez à regarder autour de vous, vous reconnaîtrez vite les matériaux, les styles architecturaux et les plans qui s'intègrent à leur environnement — et encore plus rapidement les adjonctions inappropriées. Ce n'est

Les puissantes lignes architecturales des haies d'if taillées avec soin sont extrêmement belles. Les contrastes de formes offerts par les arbres isolés, en particulier les poiriers pleureurs et les cerisiers ornés de leurs fleurs printanières, accentuent l'aspect formel des haies.

QU'EST-CE QU'UN JARDIN BIEN CONÇU ?

CI-DESSOUS L'auteur dans son jardin d'Oxfordshire à la fin de l'été, à côté de fleurs blanches touffues d'Hydrangea arborescens 'Annabelle', de cardères (Dipsacus fullonum) et de Malva sylvestris à fleurs pourpres.

CI-CONTRE : En divisant un jardin en plusieurs compartiments, on peut créer différents thèmes ou introduire des variations d'atmosphère ; par exemple cette porte revêtue d'Actinidia deliciosa et de Lonicera nitida 'Baggesen's Gold' au niveau du sol, s'ouvre sur un jardin baigné de soleil. L'allée de graviers est adoucie par des touffes de cataires de couleurs vives (Nepeta 'Six Hills Giant').

9

QU'EST-CE QU'UN JARDIN BIEN CONÇU ?

pas une question de goût car celui-ci, comme la beauté, est subjectif. Il s'agit en quelque sorte de respecter les éléments existants — le paysage environnant ou les autres constructions. Cela ne signifie nullement qu'il faille restaurer chaque jardin dans son état d'origine présumé ; en effet la réalisation de certains des plus beaux parcs s'est parfois inscrite sur de longues périodes et ils doivent leur beauté à une succession d'étapes que le temps a contribué à unifier. Mais l'utilisation de matériaux bien assortis et d'éléments d'époque facilitera beaucoup l'intégration du jardin dans son contexte.

L'élaboration du plan

Quand on élabore le plan d'un jardin, on doit rechercher un équilibre entre l'infrastructure — les allées, les terrasses — et les parties plantées — pelouses, parterres. Les divers espaces ont un rôle pratique, ainsi les allées permettent de traverser le jardin en toute saison et la terrasse fournit un endroit confortable où l'on peut manger à l'air libre et se détendre. Même dans un petit jardin, il faut penser aux pelouses qui offrent une surface unie et douce sur laquelle les plantes et les dallages ressortent bien. Le plan doit unir les surfaces nues et les surfaces plantées, les arbres, les arbustes et les parterres de fleurs, en un tout harmonieux, afin de conférer au résultat un caractère naturel.

La conception d'un jardin ressemble à plus d'un égard à celle d'un intérieur, mais il existe une différence fondamentale : le premier est composé en grande partie de matériaux vivants, qui se développent et dont le caractère peut se modifier durant leur croissance. Il convient alors d'introduire une certaine souplesse dans la conception, de prévoir des objectifs à long terme et des solutions immédiates. Par exemple il faut plusieurs années pour que des haies d'ifs soient assez hautes, mais dans l'intervalle, on peut édifier une clôture provisoire.

Vous pouvez concevoir votre jardin comme un espace unique, ouvert et spacieux, ou le diviser en plusieurs petits espaces intimes extrêmement divers. La façon de diviser ces différents secteurs forme l'un des éléments structuraux les plus puissants d'un jardin. On peut créer une impression d'unité en utilisant le même matériau que pour l'enceinte externe, ou un contraste en introduisant un autre matériau.

Naturellement les végétaux que vous choisirez refléteront vos préférences personnelles, mais ils devront convenir au climat local, à l'orientation et au type de sol de votre jardin ; leur taille doit également être en rapport avec la sienne. Pour certaines plantes comme la rhubarbe ornementale (*Rheum palmatum*), on peut se contenter d'un seul exemplaire, mais dans d'autres cas, il faudra un bouquet ou un massif pour obtenir plus d'effet, comme pour des jacinthes sauvages au milieu d'arbustes ou des anémones dans un bois. Un arbre ou un arbuste isolé, par exemple un *Cornus controversa* 'Variegata', ou une plante herbacée de forme décorative telle qu'un artichaut commun (*Cynara scolymus*), peut constituer un point d'intérêt, de la même façon qu'une statue ou un grand vase placé en une position clé. Ce sont de tels éléments, implantés avec soin pour produire le maximum d'effet, qui donnent son cachet au jardin.

Une paire d'ifs bien taillés, rafraîchis chaque année, marque le seuil entre le jardin et la terrasse qui s'étend le long de la façade d'une maison rurale. Les dalles de vieilles pierres font écho aux murs de la maison, ce qui crée une impression d'unité. Contrastant avec le sobre vert foncé des ifs taillés, une urne placée sur la terrasse est garnie de pétunias et de pélargoniums d'été aux couleurs éclatantes.

10

QU'EST-CE QU'UN JARDIN BIEN CONÇU ?

Dans ce livre, nous considérerons séparément les ingrédients qui composent un jardin bien conçu : les éléments verticaux des murs d'enceinte, des clôtures et des haies ; les éléments horizontaux des allées, des dallages, des pelouses et des changements de niveau ; les facteurs structurels et ornementaux qui agrémentent le jardin et, naturellement, les plantes qui lui confèrent sa couleur et son charme au cours de l'année. Mais c'est seulement lorsque ces parties constitutives se fondent en un tout cohérent que le jardin acquiert sa logique et son attrait.

CI-DESSUS *Dans ce jardin bien ordonné, un noyer de bonne taille offre une ombre tachetée de lumière à une vaste pelouse, fournissant un emplacement idéal pour déjeuner au frais en été. Des parterres de roses encadrent la pelouse. Au premier plan, on voit de magnifiques* Salvia sclarea turkestanica.

CI-CONTRE : *L'aménagement de cette 'pièce' repose sur une structure puissante : des parterres d'angles bordés de buis et un parterre central circulaire ; une étendue pavée de belles briques disposées en arête de poisson ; au fond, deux ifs taillés.*

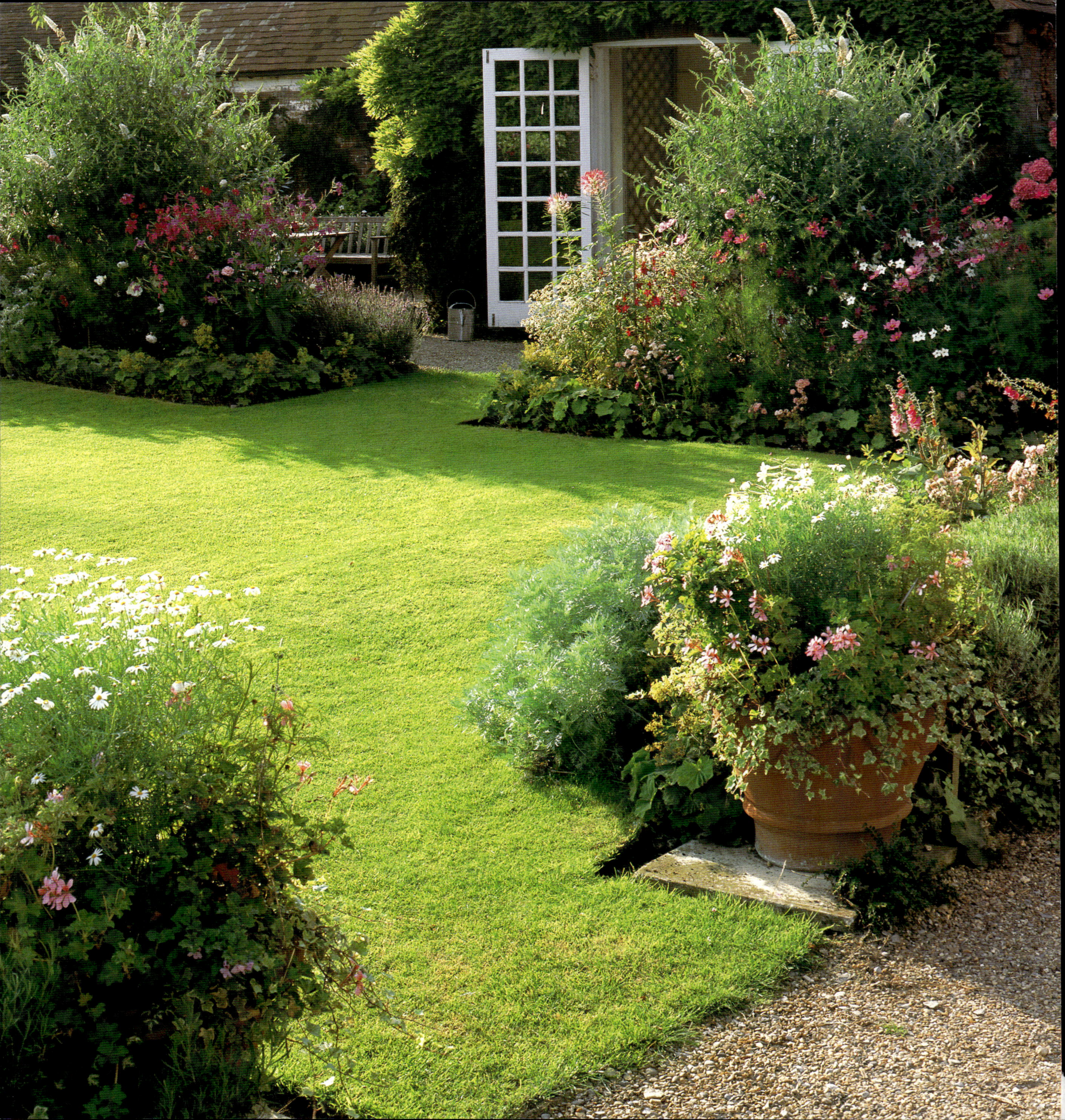

CONCEVOIR UN PLAN D'ENSEMBLE

L'idéal est savoir trouver un équilibre entre vos aspirations et les impératifs matériels — le type d'implantation, la nature du sol, votre budget, le temps dont vous disposez. Avant toute chose, lorsque vous projetez un nouveau jardin, il faut penser qu'il doit d'abord répondre à vos exigences et à celles de votre famille.

Un jardin bien aménagé doit intégrer la maison dans son environnement. Ici, des allées de graviers bordées de lavande permettent d'accéder au jardin par tous les temps. Les plantes placées contre les murs de la maison contribuent à la fondre dans le jardin. Des Buddleja 'White Cloud' soulignent la porte d'entrée et des annuelles de couleurs gaies, (Cleome, Nicotiana et Cosmos) forment une magnifique composition estivale frangée d'Alchemilla mollis. Une glycine recouvre le pignon de la maison. Des pots garnis d'espèces saisonnières ornent les abords de la pelouse.

CONCEVOIR UN PLAN D'ENSEMBLE

Un jardin personnalisé

*Un jardin doit être adapté aux besoins de la famille. Ici, un espace planté, d'*Helianthemum, *de* Nepeta, *de* Campanula, *d'*Alchemilla mollis, *de* Spiraea arguta, *avec des bordures de lavande, comporte une zone recouverte de sable, dont une partie sert aussi de bac à sable pour les enfants. On peut le couvrir quand on ne s'en sert pas, pour que le sable reste propre.*

Votre plan doit prendre en compte les besoins, l'âge et les goûts de tous les membres de la famille et votre genre de vie en général — combien de temps désirez-vous consacrer au jardinage, les pelouses doivent-elle également servir d'espace de jeu, recevrez-vous souvent au jardin ? Il faut également vous demander si vous comptez rester longtemps dans cette maison et déterminer le budget que vous consacrerez au jardin.

L'un des facteurs les plus importants est le temps que vous pourrez lui dédier. Il serait absurde d'échafauder des plans très ambitieux, s'il vous était impossible de vous en occuper durant vos loisirs et si cela entraînait des frais beaucoup trop importants, au cas où vous feriez appel à un jardinier qualifié. Il convient donc de s'informer des soins exigés par certains types de jardin, de par leur style ou leurs dimensions. En interrogeant des amis ou en visitant des jardins publics, on peut déjà avoir une idée des soins requis par des rosiers-buissons, une pelouse ou des pots d'espèces annuelles, par rapport à des parterres d'herbacées, à un espace recouvert de graviers ou à des arbustes à floraison d'été. Car rien n'est plus déprimant que posséder un beau jardin tout en étant dans l'impossibilité d'effectuer régulièrement les tâches indispensables pour qu'il conserve tout son éclat.

Etablir un aide-mémoire

Quand vous décidez ce que vous voudriez mettre dans votre jardin, il vous convient d'établir une liste notant les possibilités et les endroits appropriés. En dehors des éléments incontournables, comme les pelouses, les parterres de fleurs, les terrasses, il vous convient de réfléchir aux accès et aux allées, ainsi qu'aux éléments utilitaires comme les resserres et les silos de compost.

La pelouse constitue souvent la première des priorités, en particulier quand on a des enfants. Elle met également en valeur les parterres plantés. Un espace dallé situé dans un endroit ensoleillé, de préférence à proximité de la maison, représente parfois une autre priorité. Pour renforcer son intimité, on peut prévoir des murs, des haies ou des treillages. Enfin, il faut songer à des allées pour relier les différentes parties du jardin et à une allée carrossable.

La plupart des jardins ont besoin d'une clôture, en particulier en ville ou en banlieue. Mais on peut également aménager des divisions internes pour créer plusieurs espaces autonomes, possédant chacun son caractère propre.

Le nombre et la taille des parterres doivent être en rapport avec les dimensions du jardin. Et, en considérant ce dernier comme un tout, il faut définir une politique de plantation. Le jardin doit-il être attrayant toute l'année ou briller au cours d'une seule saison ? S'il est cloisonné, chaque espace doit-il correspondre à un thème coloré ou à une saison particulière ?

Les jardins conçus pour présenter un attrait tout au long de l'année ont en quelque sorte un charme diffus, certaines espèces se montrant en pleine

UN JARDIN PERSONNALISÉ

CI-DESSUS *On peut intégrer des éléments préexistants dans le plan d'un nouveau jardin. Cet arbre au feuillage généreux (Catalpa bignonioides) apporte une note verticale à ce petit jardin et fournit une ombre bienvenue au coin repas.*

CI-CONTRE *Ce carré de légumes bien ordonné est masqué par une haie d'if. Les allées de gravier sont bien délimitées par une bordure de briques en 'dents-de-scie'. Au fond un rosier de plein-vent et un treillage rustique revêtu de grimpantes.*

gloire alors que leurs voisines viennent juste d'apparaître et que d'autres sont en train de se flétrir et de mourir.

En revanche, un jardin ou un parterre conçu en fonction d'une seule saison, constitue un spectacle impressionnant, unique, qui parvient à son apogée d'un seul coup.

Vous pouvez puiser votre inspiration à des sources très diverses, combiner plusieurs aspects de jardins que vous admirez, les remanier par exemple en utilisant des matériaux plus modernes. Il est par ailleurs commode de noter les plantes qui vous plaisent dans d'autres jardins, car vous avez ainsi la possibilité de les observer sous leur forme pleinement développée.

On peut avoir envie d'introduire un élément aquatique : fontaine, petit bassin ou autre. L'eau confère une autre dimension à un jardin et permet d'y introduire une vaste gamme de plantes. Mais en présence de jeunes enfants, il est plus prudent d'éviter les plans d'eau en attendant qu'ils grandissent, à moins d'installer un solide grillage juste en-dessous de la surface — on peut l'ôter par la suite.

On a souvent besoin d'un espace plus utilitaire pour y installer le silos à compost ou y stocker le fumier de ferme pour qu'il se décompose. Il faut trouver un endroit assez éloigné et invisible de la maison et des points clés du jardin ; il est parfois nécessaire de trouver un moyen de les dérober à la vue (voir page 53). Mais ils doivent être facilement accessibles, en particulier avec une brouette ou une remorque.

Il faut également prévoir, à proximité de la maison et à l'abri du regard, des espaces pour étendre le linge et remiser les poubelles.

Bien qu'elles soient très utiles, il convient d'implanter les resserres de jardin dans des endroits discrets ; on peut les camoufler à l'aide de plantes ou de treillages.

L'implantation d'une serre est particulièrement ardue : elle doit rester invisible de la maison tout en se trouvant en plein soleil.

15

CONCEVOIR UN PLAN D'ENSEMBLE

L'évaluation du terrain

Il vous faut évaluer le potentiel et les limites de votre domaine. Certains facteurs ne peuvent pas être modifiés, comme la forme du terrain et le climat, c'est donc en partant de cette réalité et en y introduisant vos idées que vous réussirez à créer un jardin original. On peut schématiquement répartir les éléments à considérer en deux catégories : ceux qui concernent la forme, les dimensions et la disposition générale du terrain et ceux qui regardent l'influence du climat, du sol et de l'orientation sur ce que vous y planterez.

La forme et les dimensions du terrain

La forme générale du terrain ne doit pas nécessairement dicter le plan du jardin, car chaque défaut peut être compensé à l'aide d'astuces visuelles. On camoufle les lignes régulières du périmètre avec des arbustes très fournis et les divisions internes — haies, treillages ou murs — peuvent induire l'œil en erreur. Un terrain étroit et en longueur semblera plus court si l'on installe près de la maison une division qui laisse entrevoir le reste du jardin ; et un lopin court paraîtra plus long grâce à une division placée tout au fond. On évite toujours de tracer une allée médiane dans un jardin long et étroit, ce qui ne ferait que souligner son aspect filiforme. On peut accentuer l'impression de longueur en plantant des arbres et des arbustes de formes différentes. Derrière des spécimens généreusement arrondis comme le *Viburnum opulus* 'Roseum', placés à proximité de la maison ou à l'entrée d'un point de vue, on plante des espèces de taille plus basse à la silhouette plus élancée. On peut obtenir le même résultat à l'aide d'une série d'arceaux de taille décroissante.

Quand le jardin est dominé par une maison située au milieu du terrain il faut concevoir un plan capable d'optimiser l'espace. La meilleure solution est de placer les parterres de fleurs sur le pourtour, et de les garnir de plantes possédant de petites feuilles à texture fine, peu développées en hauteur, tout en laissant autour de la maison le plus d'espace libre possible.

CI-DESSUS *Un jardin peut abriter plusieurs milieux de croissance différents. Ici des* Dianthus *poussent dans un substrat bien drainé au sommet d'un muret.*

CI-CONTRE *Même un petit jardin de façade peut avoir un plan élaboré : un dallage circulaire en pavés de granit synthétiques, avec des parterres d'angles. Le pot de cheminée victorien et la bordure de pierre torsadée s'harmonisent avec le style de la maison.*

L'ÉVALUATION DU TERRAIN

La couleur contribue de façon significative à mettre la perspective en valeur. Si l'on met au premier plan des couleurs vives, avec des plantes à feuillage sombre et à fleurs blanches, puis des roses et des bleus pâles avec des feuillages clairs ou argentés, l'impression de profondeur est forte. En revanche, quand on place un arbuste à fleurs blanches au fond du jardin, il semble venir vers vous, bouleversant ainsi l'impression de distance.

Le plan d'ensemble

Le point de départ logique de l'aménagement du jardin est la maison : son style devrait influencer le caractère d'ensemble du premier, par l'utilisation d'éléments et de matériaux qui s'harmonisent avec elle. Cela ne signifie pas qu'une habitation construite dans les années 40 ne peut pas avoir un jardin campagnard évoquant le dix-neuvième siècle, ou d'un type plus contemporain avec des allées de graviers ou des parterres surélevés. Les proportions et la façade d'une maison inspirent le tracé des allées, la position des portails et les dimensions des parterres. On peut reprendre les matériaux de la demeure — brique ou pierre — pour édifier les terrasses et les murs. Un jardin bien conçu devrait être à même de fondre la maison dans son environnement immédiat.

On a souvent tendance à ne pas regarder au-delà de sa propre clôture, sans tenir compte des installations des voisins. Mais elles peuvent se révéler gênantes, à plus ou moins brève échéance. Un arbre surdimensionné situé près de l'enceinte peut entraîner de sérieux problèmes d'ombre, de même qu'une haute haie à feuillage persistant qui s'est transformée en une rangée de conifères — qui, de plus, assèchent leur voisinage. Les grandes fenêtres des constructions voisines sont difficiles à masquer. En utilisant des persistants, on risque sans le vouloir d'attirer le regard vers les édifices importuns, alors qu'un mélange d'espèces caduques et persistantes adoucit et réduit fortement leur impact. On peut également dissimuler un détail disgracieux à l'aide d'un treillage revêtu de plantes (voir page 53).

Parfois, loin de devoir être dérobées à la vue, les structures environnantes peuvent s'intégrer dans votre schéma d'ensemble. On peut utiliser un bel arbre, un clocher au lointain ou un joli paysage comme point d'intérêt ; cela élargira l'horizon, en particulier pour un petit jardin. Dans ce cas, vos aménagements devront orienter l'œil vers ce qui se trouve au-delà du jardin.

Le climat

Des facteurs comme le climat local et régional, le type de sol et l'orientation du site ont un impact profond sur les plantes. Le climat régional est influencé par la latitude et la situation géographique. Les conditions atmosphériques dominantes — telles que la quantité moyenne des précipitations saisonnières et les températures minimales et maximales relevées durant l'année —

Dans la mesure du possible, il convient de reprendre les matériaux de la maison pour le jardin. Cette barrière blanche, avec ses montants de forme très élaborée, s'est inspirée du style extrêmement décoratif de la maison.

CONCEVOIR UN PLAN D'ENSEMBLE

déterminent un climat régional. Dans un endroit donné, les tendances climatiques peuvent légèrement s'écarter de ce modèle général en fonction de la configuration du sol ou de la présence d'une couverture boisée ; en ville, la densité des édifices engendre souvent un environnement plus protégé mais le niveau de pollution peut entraver la croissance des plantes.

Un microclimat est une poche présentant des conditions atmosphériques particulières en un point précis. Un haut mur, une haie protectrice ou un bouquet d'arbres réduit l'impact du vent dans une partie du jardin et, dans le cas d'un mur, réfléchit ou stocke la chaleur du soleil. Une mare dominée par la frondaison des arbres suscite une atmosphère humide abritée. Un angle chaud et ensoleillé formé par deux murs atténue considérablement les conditions défavorables d'un climat régional ou local, permettant de cultiver des plantes moins rustiques que dans un jardin plus exposé du voisinage.

Les vents froids de la fin de l'hiver peuvent causer autant de dégâts que le gel et, dans un jardin ouvert et exposé, il faut prévoir une barrière protectrice pour freiner le vent. Dans les régions sujettes à de fortes chutes de neige, il vaut mieux éviter d'avoir des plantes à feuillage persistant étagées, car le poids de la neige risque d'arracher leurs branches.

Les extrêmes climatiques, des conditions exceptionnellement sèches ou humides, interdisent de cultiver certaines espèces, mais celles qui sont adaptées aux conditions dominantes s'y développent très bien.

Le type de sol

Evaluer le type de sol d'un jardin, c'est analyser sa composition chimique, sa texture et sa structure. On définit chimiquement les sols grâce à une échelle de pH (potentiel Hydrogène) graduée de un à dix, indiquant s'ils sont alcalins (c'est-à-dire s'ils comportent du calcaire) ou acides (sans calcaire) ; un sol est dit neutre quand il a un pH de 7. On peut facilement déterminer le type du sol en utilisant un simple coffret d'analyse. Plus le chiffre fourni est bas, plus l'acidité est forte ; dans le cas contraire, il est alcalin. Certaines plantes (*Rhododendron*, *Gaultheria*, *Kalmia*, *Pieris*) exigent toutes des sols acides sans calcaire, alors que d'autres (*Iris pallida*, *Helleborus orientalis*, *Pulsatilla*, *Centranthus*) prospèrent sur des sols fortement alcalins. Mais de nombreuses espèces tolèrent les deux tendances.

La texture du sol regarde la taille de ses particules : les sols sablonneux sont constitués de grosses particules alors que celles des sols argileux sont fines. Entre ces deux extrêmes, on trouve le terreau qui comprend un mélange des deux. Dans un sol lourd, les fines particules de terre sont étroitement unies les unes aux autres, ce qui le rend difficile à creuser. On peut classer parmi les sols lourds l'argile, les terreaux argileux et les limons les plus fins. Un sol léger comprend de grosses particules et est par conséquent plus ouvert, tendant vers un aspect sablonneux ou celui d'un terreau sablonneux.

La structure observe l'association des particules en miettes ou en mottes. Si celles-ci sont très petites, il n'y a pas assez d'air dans le sol ; si elles sont trop grandes, il y en a trop, ce qui entrave la croissance des jeunes racines. Contrairement à la texture, on peut influencer la structure du sol en y introduisant des matières organiques qui contribuent à la formation de miettes. Ce processus est également favorisé par des agents atmosphériques — gel, pluie, soleil.

On peut ajouter de la matière organique dans les sols sous forme de fumier, de compost de jardin ou d'éclats d'écorce. Ces éléments conditionnent le sol, y ajoutent du volume et améliorent sa capacité de retenir les éléments nutritifs et l'humidité ; ils lui apportent également des éléments nutritifs en proportion limitée.

Les matières organiques donnent de la substance à un sol sablonneux léger, et elles contribuent à garder sa structure ouverte et fraîche, alors qu'elles allègent un sol lourd.

L'orientation

L'orientation de la maison et du jardin forme avec le climat une subtile association dont dépend le choix des plantes couronnées de succès. L'exposi-

Le puissant schéma sur lequel repose le plan de ce jardin lui permet de rester beau toute l'année. Les différents espaces communiquent facilement entre eux et l'ensemble offre une impression d'unité. Les allées, les points de vue et les parterres géométriques bordés de buis rayonnent à partir du centre du jardin, bien marqué par le cadran solaire installé sur un espace circulaire recouvert de graviers. Des haies d'if forment des divisions internes. Une paire d'ifs palissés élégamment taillés achève la première haie et une série de réalisations topiaires en pots délimitent une aire de repos à droite. Les arbres du fond préservent l'intimité et masquent les édifices voisins.

L'ÉVALUATION DU TERRAIN

tion du jardin détermine en effet la quantité de lumière et de chaleur ou d'ombre qu'il reçoit.

Le plan devra donc chercher à profiter des diverses conditions auxquelles le jardin est soumis — par exemple en implantant une terrasse pour profiter du soleil de l'après-midi. Il faut également sélectionner les plantes pour qu'elles s'adaptent aux divers microclimats créés par les différences d'orientations : des zones fraîches très ombragées et humides constituent un habitat parfait pour les fougères rustiques, les funkias et les pulmonaires, alors que les plantes frileuses apprécient la chaleur et la lumière directe d'un espace tourné vers le soleil.

Le style de plantation

Le style de plantation influence profondément le caractère du jardin. Lorsqu'un jardin est divisé en zones distinctes, isolées les unes des autres, on peut pratiquer des styles différents. Il serait trop simpliste d'adopter les extrêmes, un style formel ou informel ; mais des compositions alliant les deux à des degrés divers peuvent présenter des différences notables. Des haies taillées et des formes géométriques de feuillages persistants, associées à des parterres de fleurs rectilignes, aux angles droits bordés d'une haie miniature, seraient purement formels. Mais si ce schéma rigide est combiné avec une plantation luxuriante de vivaces et d'annuelles herbacées, le résultat peut être remarquable.

A l'opposé, une pelouse informelle avec des arbres touffus et des arbustes sous lesquels sont plantés des bulbes au milieu de roses à l'ancienne peut être énormément mis en valeur par la présence de quelques plantes à feuillage persistant taillées de façon formelle.

L'entretien modifie également profondément l'apparence d'un jardin. Entre, d'un côté, des haies taillées à angle droit et des arbustes maintenus dans des proportions modestes, de l'autre, des haies qui s'étoffent en déviant légèrement de leur route et des arbustes qui atteignent leurs dimensions naturelles, l'impression produite est totalement différente, même si les espèces concernées sont plus ou moins identiques.

CONCEVOIR UN PLAN D'ENSEMBLE

Mesurer le terrain

Beaucoup de jardiniers jugent inutile de dessiner un plan, préférant utiliser des piquets, une grosse pelote de ficelle bien visible et un tuyau d'arrosage pour matérialiser le tracé de leur nouveau jardin. Quand on procède ainsi, on a du mal à envisager le site indépendamment des éléments existants et on a tendance à édifier le nouveau tracé sur l'ossature de l'ancien. Il devient par ailleurs difficile de concevoir plusieurs projets alternatifs sur le même site sans créer une certaine confusion. Etablir le plan du jardin sur le papier présente un double avantage : cela laisse le temps de réfléchir et permet de surimposer différentes idées sur un plan de base.

Avant de dessiner un plan, il faut déterminer l'espace qu'il englobera : s'il s'agit d'un jardin relativement petit, ce sera tout le terrain ; s'il est plus grand, avec des zones pouvant être facilement dissociées, mieux vaut réaliser une série de plans montrant les détails et un autre, à petite échelle, l'ensemble.

Avant de mesurer le jardin préexistant, on fait un croquis sommaire, en indiquant le côté de la maison, la clôture, les allées et les terrasses, la forme des parterres de fleurs et des pelouses et les arbres isolés ou tout autre élément important. On utilise une grande feuille, de préférence fixée sur une planche, pour pouvoir facilement écrire dessus.

Ensuite, à l'aide de deux décamètres, l'un étant de préférence une longue chaîne d'arpenteur (que l'on peut louer), on mesure dans le jardin les paramètres choisis. L'idéal est d'avoir de l'aide pour tenir l'extrémité du ruban d'acier. Mais si l'on est seul, on introduit une fine tige d'acier dans l'anneau qui se trouve à l'extrémité du décamètre et on plante fermement la tige dans le sol. On note chaque mesure sur le croquis. Si un grand nombre de mesures convergent vers la même zone, il peut s'avérer utile de tracer de petites flèches pour bien situer chaque cote.

Que doit-on reporter sur le plan ?

Dans la majorité des cas, le plan du jardin comporte au moins un côté de la maison et il est astucieux de commencer à prendre les mesures à partir de là. Relevez les dimensions d'ensemble, puis les différentes sections de murs qui constituent la façade, en inscrivant avec précision les cotes des fenêtres et des portes, ensuite, celles des allées et des terrasses, des murs et des haies commençant aux coins du bâtiment, enfin de

Relever les éléments existants

Pour mesurer les formes irrégulières, on tend un décamètre perpendiculairement à partir d'un point judicieux, comme l'angle d'une fenêtre ou un poteau de la clôture, en déterminant un triangle construit selon le rapport 3/4/5 (voir à droite). Puis, à l'aide de l'autre décamètre, on relève les mesures en direction des éléments concernés, en partant de la ligne directrice, toujours en utilisant le même triangle. Pour relever une courbe, on prend une mesure tous les mètres à partir de la ligne directrice.

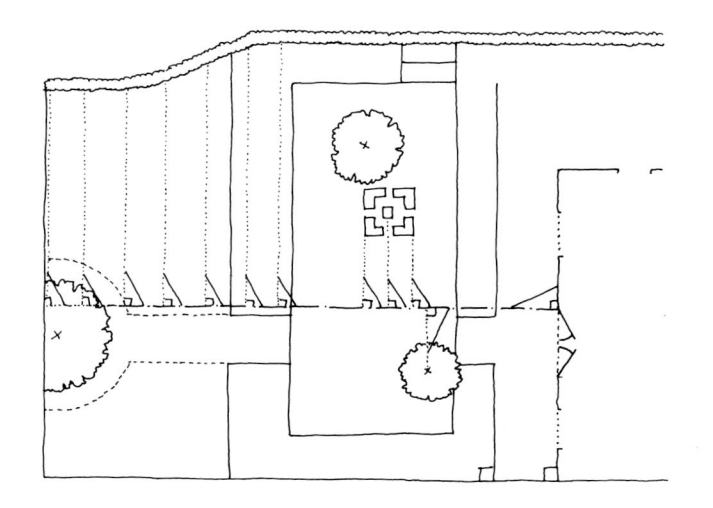

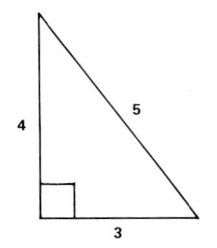

Le moyen le plus sûr d'obtenir un angle droit est de tracer un triangle dont les côtés répondent au rapport 3/4/5.

MESURER LE TERRAIN

La contiguïté de la maison et du jardin sur ce terrain relativement petit est atténuée par la présence de l'immense tilleul qui adoucit les angles formés par les bâtiments. Les plantations situées sous l'arbre auront besoin d'un apport généreux d'engrais et de fumure pour compenser les éléments nutritifs confisqués par les racines de l'arbre. L'espace de gravier situé entre la maison et le jardin sert également de zone de repos, séparée de la vaste pelouse par des rosiers de plein-vent (Rosa 'The Fairy). Une allée principale s'éloigne à angle droit de la maison, alors qu'une autre, latérale, enveloppe un réseau de parterres bordés de haies basses d'if. L'impact des murs d'enceinte est adouci par l'utilisation d'arbustes et de plantes grimpantes, comprenant un figuier qui donne des fruits, profitant d'un angle chaud et abrité formé par deux murs.

toutes les limites du jardin, en notant s'il s'agit d'un mur, d'une barrière ou d'une haie et de quelle nature. Une indication de la hauteur de chaque élément de clôture peut également s'avérer utile.

Puis on passe aux allées et aux terrasses déjà présentes. On peut facilement métrer le pourtour des parterres, des allées et des murs de soutènement rectilignes. Les lignes courbes et les angles sont plus difficiles à évaluer et on a besoin pour cela des deux décamètres (voir plus bas). Il en est de même pour ce que l'on pourrait qualifier de 'données flottantes' — arbres, parterres isolés, pavillons, étangs — qui ne sont aucunement rattachés à leur environnement. Pour mesurer les éléments éloignés, on prolonge la chaîne ou le long ruban d'acier à l'aide de piquets, de baguettes ou de tiges d'arpentage.

A ce stade, on indique toutes les zones où l'on trouve des arbustes et des arbres, en mentionnant éventuellement s'il s'agit d'espèces caduques ou persistantes. Il est utile d'indiquer le diamètre de la frondaison d'un arbre, pour tenir compte de son ombre. Il faut tracer tous les murs de soutènement et les déclivités ; quand un talus herbeux relie deux niveaux, il convient d'indiquer ses cotes inférieure et supérieure. Si vous savez où se trouvent les câbles électriques, les canalisations d'eau et les égouts, il importe de les mentionner sur le plan.

A titre d'ultime vérification, on arpente la largeur et la longueur totales du terrain en partant du milieu. Il est toujours imprudent de compter sur l'addition des différentes cotes pour obtenir la longueur totale. Un bon test pour vérifier l'exactitude de vos relevés est de fixer votre plus long ruban mesureur en diagonale en travers du terrain et de noter la mesure, puis de faire la même chose en partant des angles opposés. Cette distance permettra de vérifier l'exactitude de vos relevés sur le plan.

Après avoir rassemblé toutes ces informations, on trace le plan. A moins de disposer d'une planche à dessin, la meilleure solution est d'utiliser de grandes feuilles de papier quadrillé. Il importe de le dessiner assez grand, en choisissant

CONCEVOIR UN PLAN D'ENSEMBLE

Tracer le plan

Reporter le plan sur une feuille

On dessine le plan initial sur du papier millimétré, en employant des lignes épaisses pour les limites du jardin et pour tous les éléments existants que l'on compte conserver. On peut ensuite surimposer de nouvelles idées, en prévoyant de larges zones plantées, des pelouses et des surfaces en dur. On indiquera à l'aide de lignes fines les éléments qui seront probablement superflus dans la nouvelle disposition ; mais on peut toujours voir s'ils peuvent s'intégrer à la nouvelle disposition.

1 *Pelouse*
2 *Aire de service projetée*
3 *Verger projeté*
4 *Resserre*
5 *Massifs d'arbustes*
6 *Allée de graviers*
7 *Vivaces et arbustes*
8 *Cadran solaire*
9 *Parterre de roses*
10 *Terrasse*
11 *Barrière*
12 *Haie*

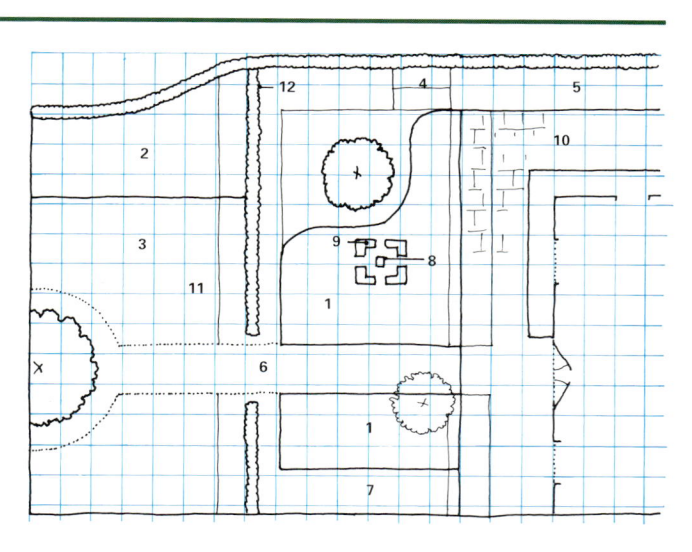

TRACER LE PLAN

Quand un jardin présente une dénivellation, on peut la traiter de différentes manières (voir p. 86-91). Ici une volée de marches assez basses unit avec goût deux délicates zones gazonnées, les deux larges talus situés de part et d'autre étant traités en parterres généreusement plantés de seringas, de valérianes, d'hellébores, de funkias, de radiaires et de pulmonaires. Les buis qui bordent les parterres de chaque côté des marches imitent leur progression, alors qu'une haie d'if s'achevant par des piliers de forme architecturale, ferme le niveau supérieur du parterre. L'ouverture dans la haie et les marches canalisent le regard vers un arbre isolé placé au centre de la partie adjacente du jardin.

l'échelle la plus appropriée qui permette au plan de tenir sur la feuille. Par exemple une échelle au $1/100^e$ pour représenter les structures générales et au $1/150^e$ pour des plans plus détaillés de plantations.

On trace d'abord les limites du jardin, en centrant le plus possible le dessin. Si la maison figure sur le plan, on la dessine ensuite, en indiquant les portes et les fenêtres. On note la hauteur des rebords de fenêtres au-dessus du niveau du sol, pour prévoir de planter à cet endroit des plantes d'une taille appropriée. Après les murs, les haies et les bâtiments, on reporte les éléments adjacents — allées, terrasses, murs de soutènement, changements de niveau — et toutes les divisions internes — murs, haies et barrières, contre lesquelles on peut dessiner les parterres existants. Pour finir, on place les 'éléments flottants' comme les arbres ou les parterres isolés.

Le plan comporte maintenant tous les éléments recueillis sur le terrain ; il faut le vérifier par rapport aux dimensions des diagonales et, s'il est exact, l'encrer. Quand on travaille sur du papier-calque superposé au papier quadrillé, il est facile de corriger les erreurs d'encrage à l'aide d'une lame de rasoir, et on peut aisément en faire des copies lisibles. On utilise un feutre à pointe fine pour les petits détails internes que l'on peut négliger dans le nouvel aménagement, et un feutre à pointe large pour souligner les éléments fixes comme les murs de la maison et les limites, les divisions internes, les allées, les terrasses et les tracés des parterres ou des pelouses que vous entendez conserver. Il convient de marquer d'une croix le point central des arbres et des arbustes touffus, et de matérialiser leurs frondaisons à l'aide de légères hachures. Une fois que le plan de base est achevé, il convient d'en faire plusieurs copies, en conservant soigneusement l'original.

Etablir le plan d'un nouveau jardin

Vous pouvez travailler sur les copies pour réaliser différentes alternatives du plan du jardin, et à ce stade, il vaut mieux envisager le plus d'options possible. Vous pouvez décider de construire votre jardin en vous basant largement sur les structures et les éléments existants ou recommencer à zéro.

Quand la maison vient d'être construite, l'espace est complètement nu et dans ce cas il faut faire appel à son imagination et à sa créativité.

Voici venu le moment de passer mentalement en revue tout ce que vous voudriez trouver dans votre jardin (voir page 14) et les plantes que vous aimez particulièrement, en n'oubliant pas de considérer le temps que vous réussirez à leur consacrer (voir page 18). Il vous faudra également tenir compte du caractère et du style de la maison, de son environnement, de vos disponibilités financières, ainsi que du nombre d'années que vous pensez passer dans cette maison. Tout cela déterminera dans une certaine mesure le type de plantes que vous choisirez de mettre dans le jardin.

Vous pouvez établir plusieurs plans comportant des projets différents et reprendre des détails de chacun d'eux pour créer une structure valable, susceptible d'allier un grand nombre de vos priorités. Prenez soin de consacrer assez de temps à cette étape, pour peser les diverses combinaisons, regarder par la fenêtre pour tenter d'imaginer la vision qui s'offrirait selon les options. Finalement, il en sortira un plan d'ensemble, qui sans aucun doute exigera des compromis, mais devrait satisfaire la plupart de vos exigences. Il est important de considérer l'espace comme un tout, en pensant à l'apparence à long terme du jardin, même si sa réalisation demande plusieurs années.

Voici une liste des principaux besoins pour établir le plan d'un nouveau jardin :

Exigences pratiques : accès au parking, au garage et à la maison — ouverture sur la rue : portail (matériau), système d'ouverture (interphone) — accès et passage des différents conduits — matériaux pour les allées, les marches... — système d'arrosage — problèmes de la circulation des animaux domestiques... — système d'éclairage extérieur du jardin et de la maison — pelouses et accès à celles-ci — aires de jeu (pour les enfants, les adultes...).

Structures à prévoir : clôtures (haies, murs...) — serres pour ranger les outils, cultiver des plantes — éléments lourds de décoration — barbecue — suspensions et pots divers — aménagements pour les oiseaux...

Plantes : liste des plantes à conserver...

CONCEVOIR UN PLAN D'ENSEMBLE

La mise en œuvre du plan

Une fois que l'on a opté pour un schéma d'ensemble et reporté le modèle choisi sur l'original du plan, on peut en faire plusieurs copies, qui serviront à préciser les travaux prioritaires et le calendrier établi pour les réaliser. En effet il convient toujours de réaliser les différentes tâches au fur et à mesure, en fonction des possibilités, en répartissant les travaux et les investissements sur plusieurs années. On peut matérialiser les différentes étapes sur le plan en employant des couleurs différentes.

Quand on crée son jardin ainsi, en suivant une série d'étapes logiques, on éprouve plus de plaisir à le voir prendre forme que s'il arrivait comme une cuisine équipée en 'kit', que l'on monte en quelques jours. On est également sûr d'acheter des plantes et des matériaux utiles, et cela évite de se précipiter, à la fin du printemps, vers la jardinerie la plus proche pour acheter des plantes au hasard — au risque de découvrir par la suite qu'elles ne sont pas du tout adaptées. Enfin le fait d'effectuez soi-même au moins une partie du travail, vous donne plus de satisfaction qu'un grand projet réalisé par un entrepreneur ou un paysagiste.

Créer un jardin par étapes permet également de se familiariser graduellement avec les soins qu'il requiert. Cela peut se révéler utile et vous pousser par la suite à limiter les zones aux aménagements complexes qui exigent beaucoup d'entretien, pour les remplacer par des motifs plus simples, qui produisent souvent un aussi bel effet.

Mettre le projet à l'essai

Avant de vous lancer dans la première étape, pourquoi ne pas tenter de matérialiser visuellement sur le terrain quelques-uns des éléments projetés ? Si certains tracés ne vous semblent pas convaincants, vous avez encore le loisir de les modifier. On peut représenter les haies, les murs, les terrasses, les gradins, les contours des parterres à l'aide de baguettes de bambou et de ficelles de couleurs vives. On figurera les larges courbes d'une pelouse ou d'une allée avec un tuyau d'arrosage souple et une rangée formelle d'arbustes taillés par des poubelles retournées. De beaux arbres isolés placés à distance sur une pelouse seront évoqués par de robustes poteaux de soutènement peints en blanc, ce qui permet de bien les voir, même à distance. Le plus difficile est de rendre l'espacement des arbres de taille moyenne et de haute stature. On a bien du mal à imaginer que des poteaux placés à 15 mètres de distance finiront un jour par voir leurs branches se toucher...

LEGENDE DU PLAN

▫ Première phase

▫ Seconde phase

▫ Troisième phase

▫ Projets à long terme

La progression des travaux

Première phase Accorder la priorité aux espaces qui affectent la vie quotidienne, comme les allées et les terrasses. Borner le jardin constitue une autre priorité, en particulier quand l'intimité fait défaut. Les murs et les clôtures sont coûteux mais ils créent sur le champ l'effet désiré, alors que les haies, les arbres et les arbustes ont besoin de beaucoup de temps pour remplir leur rôle. C'est pourquoi il est conseillé de commencer les plantations à long terme dès la première année. Durant cette première phase il faut abondamment arroser les jeunes arbres, les arbustes et les haies. Pour ce faire, installer au moins un robinet extérieur, sur lequel brancher un tuyau d'arrosage. C'est également à ce moment-là qu'il faut attribuer une place au tas de compost.

Le sol restant sera débarrassé des broussailles et les éléments indésirables comme les arbres ou les vieilles pergolas seront supprimés, à moins qu'ils ne servent à court terme. Par exemple une vieille haie peut donner provisoirement de l'ombre à de jeunes plantes vulnérables au cours des deux premières années et une resserre de jardin peut toujours être utile tant qu'elle ne dérange pas. On peut nettoyer les matériaux de récupération comme les bonnes pierres, les briques ou les tuiles d'angle et les empiler pour les réutiliser plus tard, car ces matériaux sont précieux.

Il faut éliminer les mauvaises herbes en utilisant avec prudence un herbicide approprié ou en vous livrant au bêchage fréquent en profondeur et au sarclage. Aux endroits où l'on compte installer des parterres, il faut amender le sol en y incorporant des matières organiques pour améliorer sa texture et des engrais pour augmenter sa fertilité. Si la couche de terre arable est très mince, on peut envisager d'en ajouter ou même de renouveler complètement le sol : on enlève et on stocke le peu de terre arable, on extrait une couche du sous-sol et on ajoute de la bonne terre que l'on mélange à celle qui a été mise de côté.

Il faut effectuer tous les

LA MISE EN ŒUVRE DU PLAN

(Plan de jardin annoté avec les éléments suivants :)

- Haie
- Urne sur un piédestal
- Pas japonais
- Arbustes taillés
- Fontaine et petit bassin
- Fleurs à couper
- Serre
- Surface dallée
- Potager
- Allée
- Large terrasse
- Barrière ajourée
- Rosiers buissons
- Bel arbre isolé
- Grimpantes sur les murs de la maison
- Silos de compost
- Rosiers buissons
- Herbe drue
- Arbres du verger
- Bordure
- Parterres de fleurs
- Cadran solaire
- Pelouse
- Rosiers buissons
- Parterres débordant sur l'allée de gravier
- Maison
- Bel arbre isolé
- Banc
- Herbe rase
- Arceau
- Bordure de tuiles
- Allée de gravier
- Bacs
- Rosiers buissons
- Pelouse
- Dallage
- Pergola
- Pots
- Banc
- Vivaces herbacées et arbustes
- Treillage
- Fines herbes

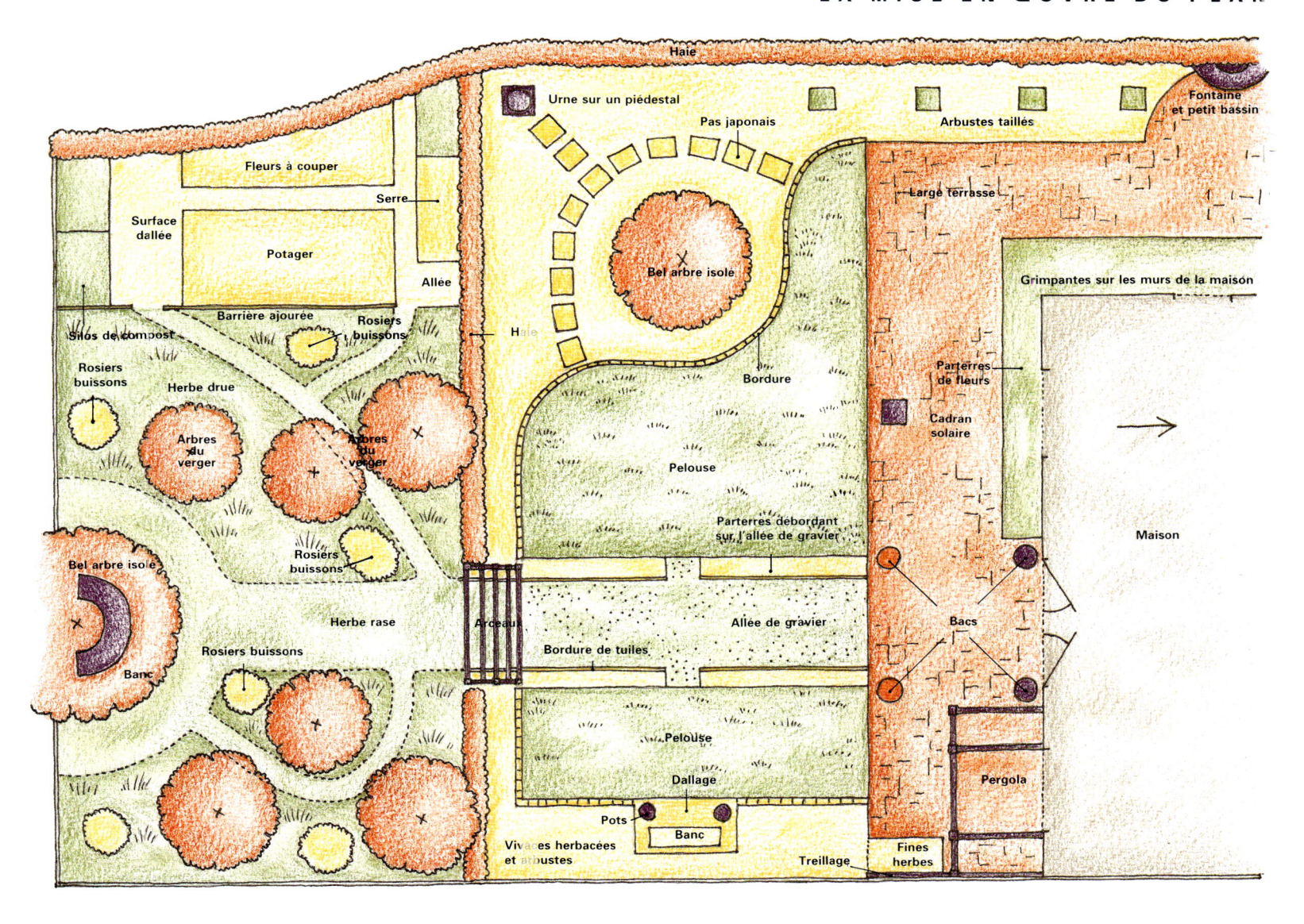

travaux de terrassement durant cette phase, y compris le drainage du terrain, la pose de canalisations d'eau pour installer des robinets et de câbles électriques si l'on veut disposer de lumière et de courant dans certains points du jardin. En effet une prise de courant bien située réduit d'autant la longueur de câbles nécessaires pour tailler les haies ou tondre la pelouse.

Comme le jardin risque de manquer de couleur au cours de la première année, on peut installer quelques grands pots ou des bacs garnis de fleurs à proximité de la maison, pour pouvoir bénéficier d'une vision agréable en attendant.

Seconde phase La seconde phase peut être consacrée à de vastes projets comme la réalisation des allées et des murs de soutènement. C'est alors le moment de semer les futures pelouses, après avoir bien nettoyé les sols, ainsi que de planter les rosiers, car il leur faut au moins deux ans pour s'épanouir. Il faut également songer à construire les murs ou les barrières de séparation.

Troisième phase On peut alors se mettre à réaliser les parterres d'herbacées ou le potager prévus par le plan. On peut repiquer des herbes aromatiques dans un parterre ensoleillé situé à proximité de la cuisine et mettre en place les plantes grimpantes murales. Mais si les travaux de construction de la maison ne sont pas achevés, cela peut être remis à plus tard. A ce stade, on peut envisager d'améliorer ce qui est déjà en place, par exemple en créant une bordure devant les parterres plantés, ou en disposant des pierres à travers une pelouse pour créer un accès à pied sec.

Projets à long terme Une fois la structure de base et les éléments principaux en place, on peut procéder à d'autres embellissements : installer des pergolas ou des arches solidement construites ; paver de pierres ou de brique les espaces d'abord recouverts de gravier plus économique, en réutilisant la base déjà bien nivelée. On peut également disposer des accessoires de jardin, des pots et des urnes.

25

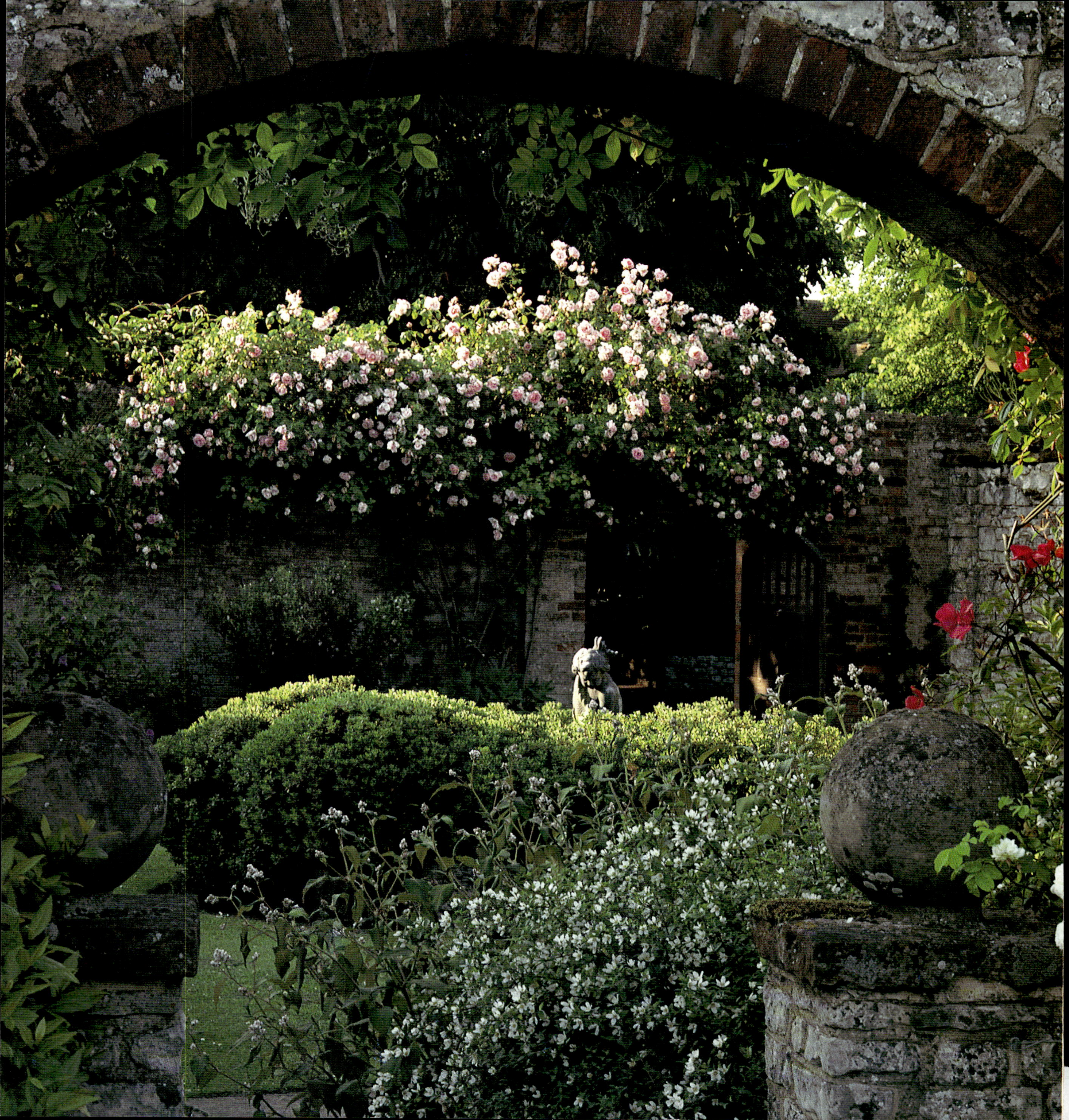

LES ÉLÉMENTS VERTICAUX

Les structures verticales associent des éléments très divers : murs d'enceinte, haies de séparation, clôtures de bois à claire-voie, écrans de treillis, arbres bien mis en valeur, groupes d'arbustes... Leur rôle est essentiellement de délimiter et de subdiviser le jardin, mais elles contribuent également à affirmer sa personnalité, à définir son atmosphère.

En entourant une petite partie du jardin de hauts murs, on crée un espace propre à charmer les sens, car il emprisonne les senteurs dans l'air immobile et amplifie le moindre son. Au début de l'été, les murs de vieilles pierres et de briques aux couleurs chaudes et profondes sont magnifiquement ornés de roses grimpantes et de *Philadelphus microphyllus* odoriférant.

LES ÉLÉMENTS VERTICAUX

Pourquoi des structures verticales ?

PAGE DE DROITE *Ce jardin isolé du monde est encadré par une clôture adoucie par une profusion de roses grimpantes. L'arceau délimite un autre compartiment du jardin.*

CI-DESSOUS *Ce magnifique arceau agrémenté des grandes fleurs rose-mauve de* Clematis *'Nelly Moser' et des fleurs roses du rosier-buisson 'Constance Spry' crée une division d'apparence naturelle qui laisse entrevoir le reste du jardin.*

Pourquoi, lorsque nous nous trouvons confrontés à un agréable site plat et ouvert, sommes-nous immédiatement tentés d'installer des obstacles visuels pour le dérober à la vue, ou de faire en sorte qu'il semble plus grand ou plus petit qu'il n'est en réalité ? Les motifs sont probablement plus psychologiques que pratiques. Une maison qui s'ouvre largement sur la campagne environnante, un jardin qui n'est pas borné par des limites concrètes, suscitent une sensation de vulnérabilité. Alors qu'un mur d'enceinte, qui délimite le territoire, constitue une étreinte rassurante, protectrice, autour de la maison. Par ailleurs, une clôture renforce l'intimité d'une demeure campagnarde ou d'un pavillon de banlieue dotés d'un jardin de dimensions modestes, en les isolant des voisins et de la rue.

Mais tout en justifiant la construction d'enceintes, cela n'explique pas pourquoi nous encombrons le centre du jardin d'obstacles visuels. On avance souvent, à juste titre me semble-t-il, que l'on ne doit pas pouvoir embrasser tout le jardin d'un seul coup d'œil. Il faut qu'il possède des recoins secrets, aussi minuscules soient-ils, pour éveiller la curiosité. Une courte haie interrompue par un arc suffit à inciter les visiteurs à s'aventurer dans le jardin. En créant une part d'inconnu, en interceptant le regard avant qu'il ne parvienne à la clôture, on fait naître un certain mystère.

Pour renforcer l'attrait d'un terrain plat, on peut créer une série de niveaux différents, à l'aide de groupes d'arbustes, de haies basses et de petits murets. La mise en place de structures plus importantes, comme des haies, des clôtures ou des arbres, destinées à former l'enceinte ou les divisions internes, rend le jardin plus accueillant. Un petit espace cerné de murs ou de haies assez élevés procure une étroite communion visuelle et olfactive avec les plantes, car l'exiguïté avive les fortes senteurs. Les sons s'altèrent également, certains étant amplifiés, d'autres amortis, ce qui, conjugué aux différentes fragrances, contribue à créer une atmosphère mystérieuse. Enfin, de simples groupes d'arbres ou d'arbustes persistants ou caducs donnent vie au jeu subtil de l'ombre et de la lumière ; on pourra tirer parti, par exemple, des ombres qu'ils projettent sur les pelouses ou les parterres.

Un mur exerce également une influence, en fonction de son apparence et de ses matériaux de construction. Les structures verticales doivent refléter d'une façon ou d'une autre le style qui prévaut dans l'aménagement du jardin. D'un point de vue pratique, les éléments verticaux facilitent l'introduction de plantes grimpantes. Les murs et les clôtures peuvent ainsi se transformer en haies au bout de quelques années, en se couvrant d'un magnifique manteau fleuri.

Les divisions et les points d'intérêt

L'expression 'structures verticales' englobe un vaste ensemble de structures animées et inanimées, dont beaucoup sont de grande beauté. Cette dimension comporte des espaces nus ou plantés, des matériaux vivants, naturels ou élaborés par l'homme, ainsi que des structures compactes ou ajourées.

On peut obtenir des profils rigides avec des murs de brique ou de pierre ; certaines haies présentent le même aspect rectiligne, alors que d'autres forment des lignes ondulantes. Une palissade donne une impression de solidité et en même temps de finesse et de légèreté, mais un treillis à claire-voie est encore plus léger et peut être en partie recouvert de plantes grimpantes. Les grilles métalliques sont si fines qu'elles sont invisibles à distance, ce qui est l'idéal face à un beau paysage ou à une architecture intéressante.

Les pergolas et les arceaux sont des structures d'apparence délicate, revêtues de plantes grimpantes ou volubiles, pour fondre des murs épais et massifs dans le jardin, en leur conférant le rôle de structures de transition entre la rigidité du mur et la douceur de l'espace planté.

Un petit édifice — un abri d'été, un belvédère, un kiosque ou même une tonnelle — peut tempérer l'apparence sauvage d'un jardin : tout en présentant un intérêt architectural, il contribue à imprimer la marque de l'homme dans le paysage. On trouvera plus de détails sur ces édifices dans le chapitre consacré aux éléments structuraux, page 93.

Enfin, il y a les arbres et les arbustes, qui ont peut-être plus d'impact que bien d'autres structures verticales. Pour créer une barrière, un point d'intérêt sculptural ou un écran d'apparence naturelle, il n'y a rien de comparable à des végétaux bien choisis.

LES ÉLÉMENTS VERTICAUX

La mise en place de clôtures

Quand on cherche simplement à matérialiser une limite, sans besoin d'intimité ni de protection, on peut utiliser une structure ouverte. Ces grilles de fonte offrent une clôture aérée tout à fait adaptée à un jardin urbain. Un parterre comprenant des rosiers, des campanules, des pieds d'alouette, des géraniums rustiques et des mélisses officinales panachées les borde. La grille permet également de profiter des arbustes du jardin voisin, parmi lesquels un Acer palmatum *à feuilles rouges, un troène doré et un camélia.*

On choisira un type de clôture en fonction de ce dont on veut se protéger, par exemple le chat ou le chien du voisin, les troupeaux de la ferme limitrophe, les rumeurs de la circulation, ou les bruits provenant de la piscine attenante... On peut réduire la férocité du vent à l'aide d'arbres et de haies coupe-vent ou de palissades ou de treillis. Mais certaines clôtures ont tendance à créer des problèmes plus qu'à en résoudre. Un mur épais ou une haie de persistants très fournie peut retenir l'air froid à la base d'une colline, créant ainsi une poche froide où le gel se maintient toute la journée. Une structure plus ouverte permet à l'air froid de circuler et de s'échapper du jardin.

Leur taille

Quel que soit le matériau choisi, la taille de la clôture doit être déterminée d'emblée. Rappelez-vous que plus elle sera haute, plus l'ombre qu'elle projettera sera importante, en particulier en hiver. On peut parvenir à un équilibre agréable en l'harmonisant avec une structure existante — en se basant, par exemple, sur la hauteur du toit du garage ou de l'appentis, ou en coordonnant une section de mur avec une haie. Si les éléments dont on dispose sont trop hauts ou trop bas pour que le résultat soit heureux, la solution est de commencer la clôture au niveau de la structure existante, avant de la ramener par un arc à l'élévation souhaitée.

Il est extrêmement important de préserver son intimité, mais quand une clôture a plus de 2,5 m de haut, on risque de se trouver confronté à des problèmes de proportions. Pour beaucoup de petits jardins, une clôture de 2 m suffit largement. Au lieu de mettre en place un seul écran massif, il est préférable de répondre séparément aux nuisances spécifiques. Ainsi, on peut planter un bouquet d'arbres en retrait de la clôture, pour masquer un détail gênant qui exige un écran plus élevé juste en ce point précis. Lorsque des murs, des barrières ou des treillis très hauts se révèlent nécessaires, on peut atténuer leur apparence dure et angulaire à l'aide de plantes grimpantes. Et quand un jardin est fermé de hautes haies sévères, on peut les adoucir en plantant, par exemple, des parterres de roses à leur pied, afin de dissimuler l'angle nu formé par le sol et la haie.

Leur épaisseur

Les clôtures ne doivent pas nécessairement être épaisses ni robustes. Souvent, il s'agit seulement de matérialiser la ligne de démarcation entre la propriété privée et l'espace public. Dans ces cas-là, une structure basse ou semi-ouverte suffit largement. Elle peut prendre la forme d'une palissade ajourée en bois, d'une élégante grille métallique, d'un muret de pierre ou d'une minuscule haie de buis (*Buxus sempervirens*). Dans un endroit exposé, une légère structure à clayonnage, capable de filtrer et de briser la force d'un vent fort, est préférable à une barrière de lattes tressées. De même une haie caduque d'aubépine (*Crataegus*) réduit la force du vent en le filtrant, alors qu'une épaisse haie d'ifs se contente de le dévier.

LA MISE EN PLACE DE CLÔTURES

De hauts murs de protection sont souvent souhaitables dans les régions de campagnes ouvertes où l'on doit prendre en compte les vents forts et les besoins de sécurité. Il ne protège du vent que sur une distance assez faible, mais il offre une excellente surface d'escalade pour des plantes délicates qui ont besoin d'un espace abrité, comme ici Escallonia. *La porte découpée dans une haie interne de* Lonicera nitida *offre un aperçu plaisant sur le passage herbeux empiété des deux côtés par des* Alchemilla mollis, *des* Hemerocallis *et des* Geranium *'Claridge Druce' et 'Wargrave Pink'.*

Les matériaux

Avant de construire une clôture, il convient d'observer celles que l'on rencontre dans le voisinage. Cela permet de repérer les matériaux employés sur place et de trouver des sources d'inspiration : une brique d'une couleur particulière, la manière de l'appareiller pour construire un mur, le type de couronnement qui l'accompagne. Cela fournit également l'occasion d'apprendre à combiner les espèces pour imiter les haies naturelles de campagne et d'étudier le style des palissades en usage dans la région : un matériau traditionnel ou un élément inspiré des pratiques locales confère au jardin cette touche d'originalité qui lui évite de présenter un aspect standardisé et trop neuf.

Rappelez-vous qu'une clôture n'a pas uniquement une fonction utilitaire, elle doit également être décorative. Pour ce faire, on peut recourir à mille artifices : on recouvre les clôtures de treillages ruisselants de fleurs ; on sculpte le sommet des poteaux de soutènement en forme de boule ou on les revêt de lierre palissé ; on taille le sommet des haies en forme de créneaux ou de fleurons. Les grilles métalliques peuvent s'inspirer de modèles d'époque, ou arborer un profil futuriste. Certains murs de brique, construits selon des schémas géométriques, utilisent des briques de différentes couleurs, d'autres incorporent des panneaux dans lesquels on peut cultiver un palmier-éventail palissé ou un arbre fruitier en espalier. Réfléchir à l'endroit où l'on veut mettre un mur ou une haie ne suffit pas, il faut également songer à leur aspect esthétique.

LES ÉLÉMENTS VERTICAUX

Les divisions internes

La haie d'if soigneusement taillée forme une division vivante. Le portail de fer forgé permet d'apercevoir le jardin abrité où prospèrent Carpenteria californica *et* Vitis coignetiae. *Parmi les plantes friandes de soleil qui mordent sur les dalles de pierre, on trouve* Lavandula *et* Kniphofia.

Ces divisions peuvent exercer un rôle pratique, comme celle de placer la partie utilitaire du jardin hors du champ visuel (voir pages 53-55), ou avoir une fonction purement décorative.

L'idée de subdiviser un jardin en une série de compartiments thématiques s'inspire des célèbres jardins anglais de Hidcote Manor et de Sissinghurst Castle, qui présentent l'aspect d'une série de 'pièces' de verdure. Ces différents espaces sont délimités par des murs ou des haies compactes, ou à l'aide de clôtures de bois, de treillages, ou d'épais groupes informels d'arbustes. Certaines divisions engendrent une forte impression architecturale, alors que d'autres, faites de treillages recouverts de plantes grimpantes, laissent entrevoir la section suivante et produisent un effet plus naturel. D'une façon générale, plus l'espace clos est restreint, moins les divisions élevées sont appropriées. On ne peut pas déterminer une hauteur idéale pour une division interne, mais au-delà de 2,2 m, il faut choisir les matériaux avec soin, pour que la structure n'ait pas l'air écrasante.

Une seule division suffit à transformer un espace sans relief en deux parcelles extrêmement différentes. En ménageant une ouverture assez grande, qui laisse entrevoir le compartiment situé au-delà sans le dévoiler pleinement, on impose une nouvelle perception de l'espace. Si les superficies concernées ne sont pas trop grandes, la meilleure solution est de les séparer à l'aide d'une haie caduque de charme ou de hêtre ou d'un treillis, qui accroît la luminosité en hiver. Dans un endroit exposé, en multipliant les divisions internes, on assure une meilleure protection contre le vent. On peut mettre en place des fonds de murs chauds et ensoleillés, qui offrent des conditions idéales aux plantes, mais il ne faut pas oublier que cela crée du côté opposé un emplacement froid, qui reste humide et dans l'ombre.

Un jardin compartimenté permet de se livrer à davantage d'expériences, au niveau de la gamme des végétaux ou des thèmes colorés. Ainsi une composition aux coloris très clairs, comportant un mélange de *Spiraea arguta* blanche, de *Rosa* 'Nevada' crème et de *Kolkwitzia amabilis* rose pâle, sera particulièrement mise en valeur dans un espace entouré de haies persistantes d'if ou de laurier.

On peut également réaliser des compositions basées sur les senteurs, qui sont magnifiées par un milieu clos. On les entoure d'une haie odoriférante d'*Osmanthus delavayi*, d'une palissade ou d'un treillis servant de support à du chèvrefeuille (*Lonicera periclymenum*) parfumé ou à des jasmins d'été (*Jasminum officinale*).

Les murs

Les matériaux utilisés pour construire les murs se répartissent en trois groupes : la brique, la pierre et le béton. A l'intérieur de chacune de ces catégories, il existe des distinctions notables en fonction des matériaux disponibles localement. La couleur et la texture des briques et des pierres varie selon leur origine et la manière de les tailler ou de les fabriquer. Le béton peut également présenter des différences en fonction des éléments qui composent l'agrégat.

La taille des briques, des pierres ou des plaques de béton et leur mode d'assemblage sont aussi importants que le matériau lui-même. Pour un mur haut et long, les éléments doivent être sensiblement plus grands que pour un mur court et bas ; dans ce cas il est préférable d'utiliser de petites assises. Il convient, dans la mesure du possible, d'utiliser des matériaux locaux ou d'autres qui soient relativement similaires ou présentent la même couleur et plus ou moins la même texture.

Selon les régions, on trouve des pierres de couleurs très variées : crème, rouge, jaune, brun. Et la palette des briques s'étend des crèmes les plus pâles aux roses, aux rouges et au bleu. Alors que la taille des briques est relativement peu diversifiée, les pierres peuvent présenter toutes sortes de formes et de tailles, des pierres de taille carrées aux fragments irréguliers utilisés pour édifier des murs de pierres sèches, en passant par les assises de meulière. En ce qui concerne le béton, il peut s'agir de blocs moulés, mêlés à de la poussière de pierre, qui imitent de vraies pierres, ou de parpaings réguliers. On peut enduire ces derniers au mortier, pour leur conférer une surface lisse et uniforme. On peut aussi construire un mur en versant du béton liquide dans un coffrage. Cela permet de lui donner une texture originale en utilisant du bois fortement veiné. Il est également possible de brosser la surface du béton quand elle est encore humide, pour faire ressortir les différentes couleurs de l'agrégat.

Un mur de torchis est constitué d'argile et s'érige sur de solides fondations de pierre ou de brique. On accumule des couches d'argile mélangées à de la paille, puis on lisse la surface. Quand on a atteint la hauteur souhaitée, on coiffe le sommet d'un 'toit' de tuiles ou de chaume. Ces murs peuvent durer des générations, pourvu que leur couverture leur permette de demeurer bien secs ; car dans les régions sujettes au gel, ils risquent de s'effriter s'il gèle alors qu'ils sont humides. Ces murs, d'apparence rustique, sont surtout appropriés à un milieu rural.

Fait de belles briques et surmonté de tuiles et d'une arête faîtière, ce mur protecteur est muni de fils de fer qui servent de support à des clématites, à Vitis vinifera 'Purpurea' et à des rosiers grimpants, 'Constance Spry' et 'Madame Grégoire Staechelin'.

LES ÉLÉMENTS VERTICAUX

Construire un mur

Quand un vieux mur commence à tomber en ruine, ou quand on a l'intention d'en construire un nouveau, le mieux est en général de s'adresser à un entrepreneur. Il vous établit un devis global pour la construction ou la restauration du mur, en prévoyant l'ensemble des travaux et des frais.

Avant de rebâtir un mur effondré, on nettoie d'abord l'emplacement. On empile d'un côté les pierres ou les briques qui peuvent être réutilisées. On entasse ailleurs les gravats, qui serviront éventuellement à remplir le cœur du mur. Pour faire de nouvelles fondations, on creuse une tranchée, on prépare une base de blocaille, on la tasse, puis on verse du béton. La construction du mur commence alors : on pose des assises régulières de pierres jointoyées au mortier, en leur laissant le temps, tous les quatre ou cinq niveaux, de sécher et de se mettre en place. On doit souvent acheter d'autres matériaux, pour remplacer ceux qui ont été cassés. Enfin, il faut prévoir un type de couverture pour protéger le mur de la pluie.

Le devis de l'entrepreneur comprend : les matériaux, le ciment, le sable et leur transport, la location d'une bétonnière, l'enlèvement des débris restants, ainsi que la main d'œuvre. S'il

La plupart des appareils combinent les boutisses et les panneresses pour créer une solide structure qui unit les deux faces du mur constitué d'une double épaisseur de pierre.

1. *Appareil flamand*
2. *Appareil de mur de jardin anglais*
3. *Appareil anglais*
4. *Appareil en panneresses (convient surtout à un mur fait d'une seule épaisseur de pierre)*

A GAUCHE *Un jardin clos de vieux murs de torchis offre une protection à des arbres fruitiers rigoureusement palissés. Un banc permet de profiter de ce coin abrité.*

A DROITE *Ces murs de pierres bien jointes au mortier constituent un terrain d'accueil choisi pour le lierre qui les orne toute l'année. Ils s'harmonisent avec les pavés de granite de l'allée. L'élégant portail de fer forgé donne accès à un jardin ombragé.*

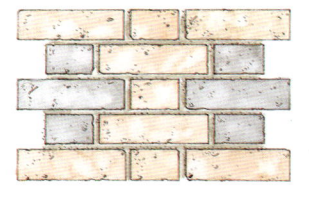

1

Construire un mur de brique

La force d'un mur réside dans sa construction et dans les fondations sur lesquelles il repose. De bonnes fondations stabilisent le mur et l'empêchent de s'affaisser d'un côté. Pour donner plus de poids à la base des fondations et pour les enraciner dans le sous-sol, on tasse à la base de la tranchée une couche de blocaille. On verse au-dessus une couche faite d'un mélange de béton (7 parts de gravier sableux pour 1 part de ciment), de même épaisseur que la première, s'arrêtant légèrement au-dessous du niveau du sol.

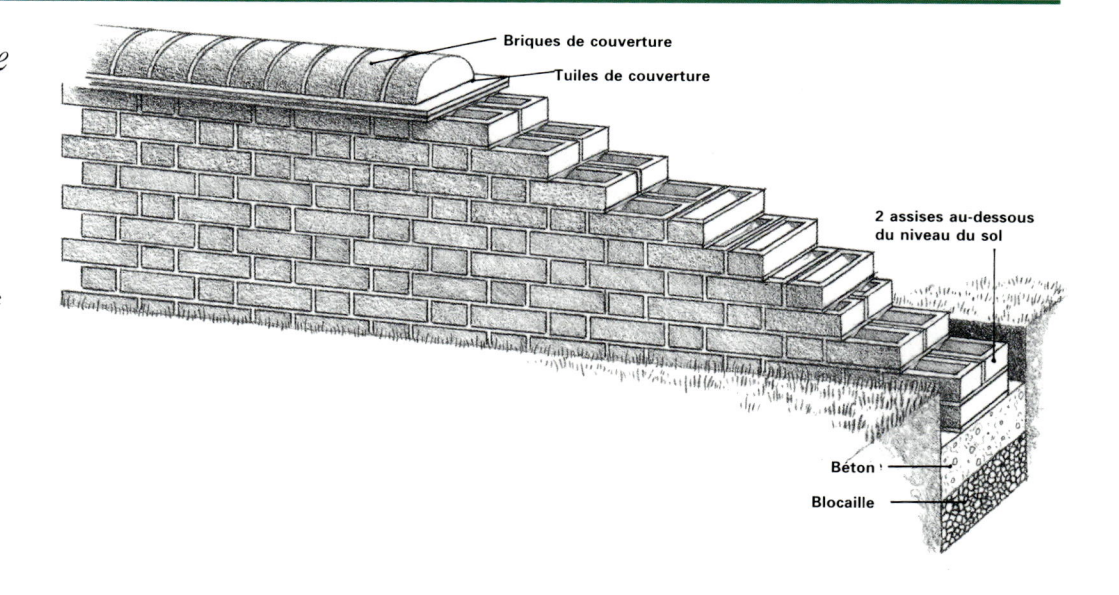

Briques de couverture
Tuiles de couverture
2 assises au-dessous du niveau du sol
Béton
Blocaille

LES MURS

vous indique un tarif journalier, cela correspond uniquement à son labeur qualifié.

Faut-il le construire soi-même ? La réponse est sans doute 'Oui', si l'on dispose de beaucoup de temps et d'expérience dans ce domaine. Mais un constructeur expérimenté, qui a acquis sa compétence en travaillant avec des matériaux similaires, dans des conditions et des lieux divers, peut surmonter assez facilement les problèmes qu'il rencontre. Alors qu'un amateur ne possède pas cette maîtrise. C'est plus commode lorsqu'il s'agit de reconstruire une partie d'un mur existant : on dispose au moins d'un modèle auquel on peut se conformer avec soin. Si vous ne vous sentez pas en mesure d'entreprendre ce travail, vous pouvez tout de même préparer vous-même l'emplacement au début et le nettoyer à la fin, ce qui réduit d'autant les frais de main-d'œuvre.

La construction d'un mur

Pour être stable, un mur a besoin de solides fondations. On creuse d'abord une tranchée, sa profondeur et sa largeur dépendant des dimensions et de la nature du mur — est-il indépendant, est-ce un mur de soutènement, supporte-t-il un charge ? Le type de sol dans lequel on implante les fondations exerce également un rôle important sur ces proportions. Face à un si grand nombre de variables et à la nécessité de bien connaître les conditions locales, il est conseillé de faire appel à un entrepreneur de la région pour se faire conseiller avant de se mettre à construire le mur soi-même. Car ériger un grand mur sans la caution d'un entrepreneur ou d'un architecte chevronné peut non seulement s'avérer coûteux mais également, s'il s'écroule, entraîner des accidents graves.

Les murs de pierre On utilise le plus souvent des pierres plus ou moins carrées disposées en assises, régulières, pratiquement comme un mur de brique (voir page 34). La qualité des pierres conditionne la façon de les disposer. Avec des pierres brutes, arrondies ou irrégulières, on obtient un effet moins uniforme, avec des assises inégales. On construit le mur à sec — sans mortier —, ce qui

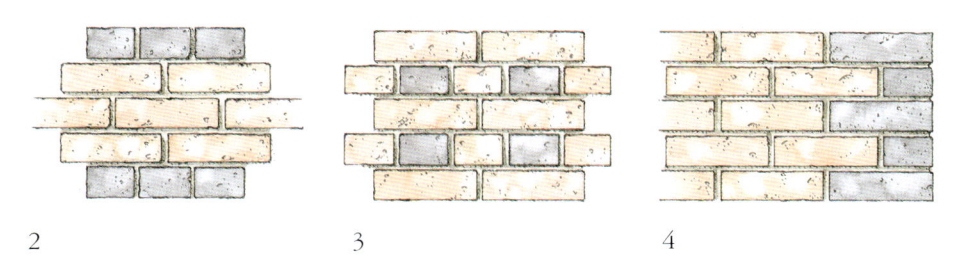

2 3 4

Matériau/type	Coût	Qualités esthétiques	Facilité d'édification	Vieillissement
Pierres (jointes au mortier)	6	Fortes lignes structurelles, aspect naturel agréable	Travail semi-spécialisé, lent	Se patine bien, attire le lichen
Pierres (sèches irrégulières)	7	Excellente texture, grâce aux interstices sombres des joints	Travail spécialisé, très lent	Excellent, s'améliore en vieillissant
Pierre (meulière)	8	Belle couleur et texture agréable	Travail spécialisé	Lent à vieillir car le silex ne se patine pas
Brique	5	Satisfaisantes — peut être utilisée pour créer de nombreux motifs	Travail semi-spécialisé	Vieillit bien mais a besoin de temps pour s'adoucir
Blocs de pierre reconstituée	4	Peuvent avoir une irrégularité artificielle uniforme ; souvent un bon compromis	Travail semi-spécialisé, rapide	Peut être lent et moins manifeste que celui des vraies pierres
Blocs de béton enduits	2	Faibles, mais acceptable si peints d'une couleur neutre et revêtus de plantes	Travail non-spécialisé	Faible, souvent ne s'améliore pas en vieillissant
Béton préparé	3	Faibles, mais acceptable si vieilli ou texturé	Travail semi-spécialisé	Faible, semble terne par temps maussade et discordant par temps ensoleillé
Boue/argile	1	Bon faire-valoir pour les plantations car leurs coloris et leur texture sont peu prononcés	Travail semi-spécialisé	Vieillit bien, avec de subtiles variations de couleurs

MATERIAUX DESTINES AUX MURS (coûts gradués de 1 à 8)

35

LES ÉLÉMENTS VERTICAUX

demande plus de compétences et de précision (voir page 37), ou avec du mortier, ce qui permet de dissimuler de nombreux défauts. Dans les deux cas, on dispose les pierres de façon à ce qu'elles chevauchent le joint de l'assise inférieure. D'ordinaire, le mur comporte deux épaisseurs de pierre, les deux faces étant unies par des pierres plus grandes qui font toute la largeur du mur. Le cœur est rempli de couches de gravats et de béton, ou, dans le cas d'un mur de pierres sèches, de petites pierres. Pour assurer leur robustesse et leur solidité, les murs de pierres sèches sont légèrement effilés vers le haut. On utilise pour cela un gabarit de talutage en bois découpé (voir page de droite).

Les murs de brique Bien qu'ils soient constitués d'un matériau régulier, uniforme, ils peuvent présenter des aspects très variés, en fonction du type d'appareil employé ou de leur épaisseur. Divers appareils sont décrits pages 34-35. Les briques diffèrent par leur texture et leur couleur, qui dépend de leur degré de cuisson et de la façon de les fabriquer. Les briques de réemploi ont un aspect patiné et plus doux, mais il ne faut pas les mélanger à des briques neuves, car leur taille peut être différente. Une brique posée dans le sens de la longueur est dénommée 'panneresse', alors qu'une brique posée perpendiculairement, avec ses deux extrémités apparentes, est dénommée 'boutisse'. On peut distribuer les boutisses à travers tout le mur, pour constituer un lien entre ses deux faces et accroître sa résistance.

Les murs en parpaings de ciment Les parpaings sont beaucoup plus gros que les briques ou les pierres ; cela permet de bâtir rapidement en les superposant en assises régulières. On se contente en général d'une seule épaisseur, mais quand le mur est très haut, il faut prévoir des contreforts ou des piliers de soutènement.

Le revêtement des murs de soutènement Quand un changement de niveau important nécessite la construction d'un mur de soutènement, on érige d'abord une parois en gros parpaings de ciment creux évidés (voir page 86). A intervalles réguliers, on y insère des briques plates faisant saillie. On revêt alors le mur de jolies pierres ou de briques incrustées entre les briques plates, afin d'assurer la cohésion de l'ensemble. On peut renforcer sa résistance en remplissant les cavités des parpaings à l'aide de ciment. Pour le mettre à l'abri de l'eau et du gel, on installe un tuyau de drainage en plastique derrière le mur, à hauteur de la première assise de parpaings. Il doit conduire à un puisard recouvert d'une couche de gravier, puis de terre.

Jointoyer au mortier
En appliquant maladroitement le mortier, on peut ruiner l'aspect des pierres les plus finement taillées ou des plus belles briques pâles. Un mur tout barbouillé de ciment perd tout attrait. Il convient d'être très soigneux quand on décide de construire un nouveau mur ou de refaire un jointoiement ; il faut éviter de laisser le mortier apparent en surface, et surtout d'en étaler sur le mur. S'il y en a trop, on peut le nettoyer à l'aide d'une petite truelle avant qu'il ne soit sec, puis brosser ce qui reste.

Couvrir le mur
Un mur doit posséder de solides fondations et une bonne couverture. On désigne par le terme 'couverture' ou 'couronnement' le moyen utilisé pour couvrir son faîte, afin d'empêcher l'eau de pénétrer entre les joints de l'assise supérieure. Une muraille sans couverture se détériore très rapidement si l'humidité pénètre à l'intérieur du mortier et s'il gèle souvent en hiver. Tous les couronnements doivent être légèrement plus larges que la paroi qu'ils surmontent pour rejeter l'eau de pluie à une certaine distance de son pied. Le type de couverture doit naturellement correspondre à celui du mur et à son emplacement.

Le type le plus simple de couronnement, de forme arrondie, en béton, convient à une maison campagnarde. Il se combine avec les deux dernières assises du mur, s'évasant pour former un déversoir. Economique et durable, il se patine bien

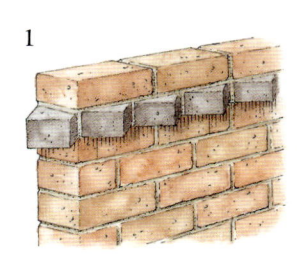

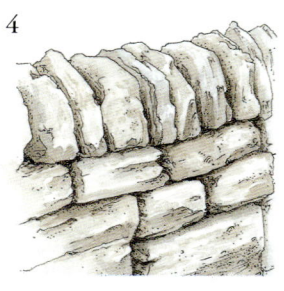

Les couronnements protègent les murs et déversent l'eau de pluie.
1. Briques posées à 45° surmontée d'une autre assise de briques
2. Deux tuiles d'argile avec une tuile faîtière
3. Tuile plate et briques en demi-lune
4. Couronnement de mur de pierres sèches

LES MURS

et peut être utilisé au sommet d'un mur de brique ou de pierres jointoyées.

La forme de couverture la plus traditionnelle est probablement constituée de pierres plates posées sur le faîte du mur. En principe, elles ne sont pas plates mais effilées d'un côté, pour permettre à l'eau de s'écouler. Sous le bord en saillie, une rainure empêche l'eau de refluer sous la pierre. Elles sont mises en place à l'aide de mortier. Ce mode de couverture simple et soigné dure indéfiniment et demande peu d'entretien ; il s'adapte à une grande variété de situations et d'emplacements, car il présente un aspect sobre et discret.

On peut également utiliser de minces pierres irrégulières, que l'on place verticalement les unes contres les autres, comme un rangée de dents-de-chien, en surplomb au-dessus du mur. On les pose à sec ou à l'aide d'un mélange de sable et de ciment. Ce genre de couverture convient particulièrement bien à un cadre rural.

On rencontre souvent dans les villes un agréable type de couverture, composé de trois demi-lunes qui lui confèrent une double élévation architecturale et un charmant aspect suranné. On dispose en-dessous des assises de briques plates pour servir de déversoir. On l'utilise indifféremment sur des murs de briques ou de pierres jointoyées.

On peut enfin couronner un large mur rural d'un 'pignon', à l'aide de tuiles en terre cuite surmontées d'une tuile faîtière en 'V'.

Ce mur de pierres sèches bien construit possède une crête de pierres verticales qui déversent l'eau de pluie. Les iris barbus apprécient la chaleur réfléchie par le mur.

Construire un mur de pierres sèches

Pour construire solidement un mur de pierres sèches, il faut des compétences et de l'expérience et son apparence dépend de la qualité des pierres utilisées. En principe, de larges pierres plates posées sur le sol tassé forment les solides fondations sur lesquelles sont érigées les assises se chevauchant. Le cœur du mur est rempli d'un mélange irrégulier de petites pierres et de gravats. Les pierres d'appui unissent les deux faces du mur. Un gabarit de talutage en bois permet de déterminer l'angle correct du fruit du mur.

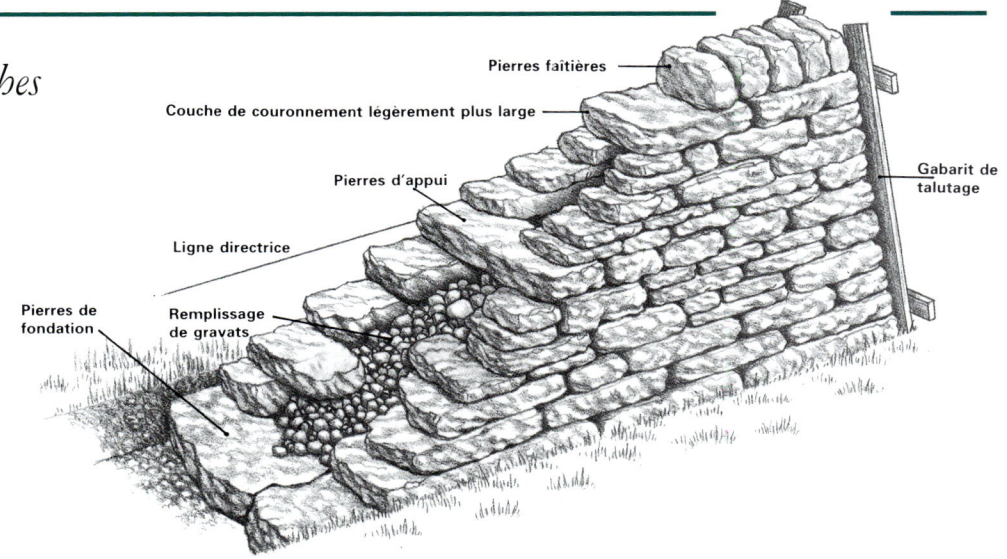

- Pierres faîtières
- Couche de couronnement légèrement plus large
- Gabarit de talutage
- Pierres d'appui
- Ligne directrice
- Pierres de fondation
- Remplissage de gravats

LES ÉLÉMENTS VERTICAUX

L'utilisation des murs

Un mur peut offrir protection, chaleur et abri, constituant ainsi un excellent terrain pour les grimpantes. Mais son exposition est fondamentale. S'il est orienté vers le soleil, ses qualités sont évidentes, mais l'autre côté du même mur peut présenter bien des aspects négatifs : une faible luminosité, des températures basses et une atmosphère humide. Il est donc primordial de savoir tirer partie des conditions créées par chaque mur.

Les plantes utilisées sur ou contre un mur se divisent en deux catégories, les grimpantes et les arbustes muraux. Les premières se caractérisent par leur penchant naturel à grimper ; elles possèdent souvent des appendices spécialement adaptés : des tiges volubiles (*Humulus lupulus*), des racines aériennes (*Hydrangea anomala petiolaris*), des ventouses (*Parthenocissus tricuspidata*) et des épines en forme de crochets ou d'hameçons (les rosiers et *Rubus ulmifolius*). Les arbustes muraux s'épanouissent particulièrement bien à l'abri d'un mur. Les grimpantes couvrent mieux les murs que les arbustes, qui ont tendance à s'élever au-dessus de lui. Si vous souhaitez dissimuler l'apparence d'un mur, sa forme ou sa ligne, les arbustes sont plus indiqués. Evitez les espèces à racines aériennes qui s'accrochent toutes seules et n'utilisez des grimpantes à tiges volubiles que si vous les taillez fréquemment.

L'orientation du mur

Le mur idéal fait face au soleil pendant la plus grande partie de la journée, offrant le maximum de chaleur et de protection. S'il se trouve en un point agréable et accessible du jardin, on peut envisager d'y installer un banc, pour profiter pleinement du microclimat ainsi créé. Au cœur de l'été, la chaleur intense justifie parfois la construction d'une pergola reposant en partie sur le mur et habillée de grimpantes à feuilles caduques comme la vigne (espèces *Vitis*), la clématite et la glycine.

C'est parfois le seul endroit dont on dispose pour cultiver des espèces 'exotiques'. Il convient donc de consacrer le plus d'espace possible aux plantes et d'utiliser ce milieu privilégié avec audace : pourquoi ne pas tenter la culture d'arbustes délicats comme *Abutilon* et de grimpantes comme *Solanum* ou *Rosa banksiae banksiae*, que l'on peut protéger en hiver à l'aide d'un treillis, d'une toile de jute, de branches de fougères ou de conifères, si cela se révèle nécessaire. La majorité de ces plantes pleines de sève, charnues, pousse très rapidement et commence à fleurir au bout de quelques années. Cela vaut donc la peine de les essayer, d'autant plus qu'il est facile de les remplacer en cas d'échec.

Les arbres fruitiers palissés comme les pêchers et les abricotiers tirent également avantage de

Les treillis de bois fixés sur ce mur d'enceinte de brique fournissent un excellent support aux grimpantes. Les rosiers grimpants qui ont poussé sur le faîte du mur permettent aux clématites aventureuses d'avancer encore plus haut, isolant encore mieux des jardins voisins. Itea ilicifolia semi-délicate prospère grâce à la protection du mur et des arbustes voisins, déployant ses longs pompons vert pâle. La base du mur est ornée en fin d'été d'Anemone x hybrida, de Thalictrum dipterocarpum et de phlox.

Supports muraux pour les plantes

Toutes les plantes qui ne possèdent pas leurs propres crampons ont besoin de supports pour grimper sur un mur. Des pitons galvanisés et du fil de fer satisfont les espèces aux tiges peu nombreuses mais assez lourdes, qui doivent être attachées individuellement, comme les rosiers et les glycines. Les grimpantes qui produisent une belle profusion de tiges volubiles, comme les clématites, le chèvrefeuille et le houblon progressent plus librement sur des treillis de bois ou de simples grillages métalliques.

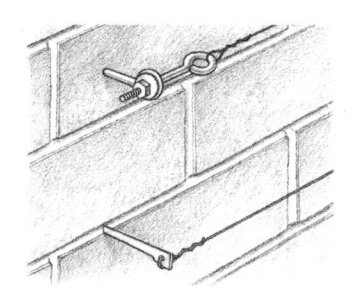

On fixe les pitons dans le mortier et les pitons à vis à l'aide d'une cheville dans la brique ou la pierre. On tend le fil en serrant le boulon.

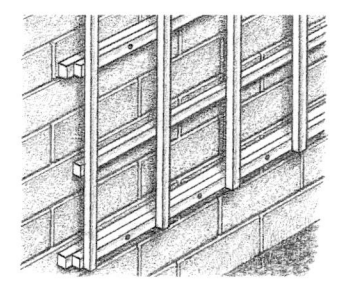

On visse les treillis de bois à section carrée à des tasseaux déjà vissés dans le mur pour permettre aux grimpantes d'y pousser.

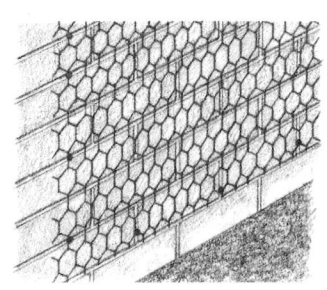

On peut fixer du grillage métallique au mur à l'aide de longs clous galvanisés. Cela permet d'écarter un peu le grillage du mur.

LES MURS

l'abri et de la protection d'un mur ; on peut installer un filet au-dessus des fruits en train de mûrir pour les préserver de l'avidité des oiseaux. La chaleur du soleil accumulée par le mur protège les jeunes fruits d'espèces comme le figuier (*Ficus carica*) qui doivent supporter les rigueurs de l'hiver, car il leur faut 18 mois pour se développer et mûrir. Certaines plantes, comme *Melianthus major* ou *Cobaea scandens*, demandent une période de croissance plus longue pour fleurir, alors que d'autres attendent que leurs tiges et leurs branches aient été réchauffées par l'été précédent pour s'épanouir pleinement.

De l'autre côté du mur, on trouve moins de chaleur et de lumière. Cela empêche ou restreint la floraison de certaines espèces, mais de nombreuses autres plantes peuvent y prospérer, appréciant ces conditions alors qu'elles se seraient déshydratées de l'autre côté. L'idéal est de les choisir pour leur feuillage ornemental autant que pour leurs fleurs. Car le premier restera frais et brillant pendant tout l'été et, grâce aux conditions plus humides, leur période végétative durera plus longtemps. Pour égayer cette zone d'ombre, choisissez des plantes comme *Cornus alba* 'Elegantissima' ou *Euonymus fortunei* 'Emerald Gaiety' ; les plantes à feuillage doré, comme *Philadelphus coronarius* 'Aureus', y pousseront bien également, courant moins le risque de voir leurs feuilles délicates se dessécher. Elles n'offriront pas les vifs tons dorés que l'on peut trouver ailleurs, mais un jaune-vert plus pâle, à la fois doux et assourdi.

GRIMPANTES ET ARBUSTES MURAUX

Pour un mur chaud

Abutilon x suntense 'Jermyns'
Ceanothus arboreus 'Trewithen Blue'
Chimonanthus praecox (chimonanthe)
Ficus carica (figuier)
Itea ilicifolia
Magnolia grandiflora
Prunus armeniaca 'Moor Park' (abricotier)
Trachelospermum jasminoides
Vitis vinifera (Vigne)
Wisteria floribunda 'Alba'

Pour un mur froid

Chaenomeles speciosa 'Moerloosei' (cognassier du Japon)
Choisya ternata (oranger du Mexique)
Cornus alba 'Elegantissima' (cornouiller)
Cotoneaster horizontalis
Garrya elliptica 'James Roof'
Hedera helix 'Sagittifolia' (lierre)
Hydrangea anomala petiolaris
Jasminum nudiflorum (jasmin d'hiver)
Lonicera periclymenum 'Graham Thomas' (chèvrefeuille)
Pyracantha rogersiana flava

Revêtir différents types de murs

Un mur de maison ombragé en début d'été

Un mur de pierres bien jointoyées offre un cadre parfait aux vigoureuses grimpantes. L'hortensia grimpant (*Hydrangea anomala petiolaris*) et le lierre (*Hedera hibernica*) sont particulièrement adaptés à un endroit froid et abrité, fournissant une couverture persistante durant l'hiver et des couleurs profondes en été. En hiver, les tiges dénudées de l'hortensia se couvrent d'écorce papyracée, alors qu'en été ses feuilles vert pâle créent un joli fond pour ses fleurs blanches dentelées. Des plantes ombrophiles se déploient sur le mur et au niveau du sol : sceaux-de-Salomon (*Polygonatum x hybridum*), fougères finement pennées (*Polystichum setiferum*), *Hosta* panachées 'Francee' et *Meconopsis cambrica* aux fleurs jaune clair.

Un mur chaud de pierres sèches en milieu d'été

Sur un mur de pierres sèches, on doit écarter certaines espèces grimpantes dotées de racines aériennes qui s'introduisent dans les intervalles non jointoyés ; en effet quand les plantes se développent, leurs pousses prises au piège grossissent et peuvent disloquer le mur, entraînant sa destruction. Le rosier grimpant 'Dorothy Perkins' est abondamment chargé de fleurs, retombant en grappes oscillantes. Pendant la première moitié de l'été, ses fleurs d'un rose profond sont accompagnées des fleurs rose vif de pois de senteur de *Lathyrus grandiflorus*.

Ce dernier grimpe sur le rosier à l'aide des tendrils de ses feuilles. La passiflore (*Passiflora caerulea*) apporte une note exotique, profitant de la chaleur du mur. Au niveau du sol, la couleur des feuilles de *Hebe* 'Red Edge' vient compléter les roses et les pois de senteur. A côté d'elle, une rue bleue (*Ruta graveolens* 'Jackman's Blue') fait ressortir les teintes pruineuses de la véronique arbustive. Des digitales (*Digitalis purpurea*) apportent très tôt des couleurs, tandis que *Caryopteris x clandorensis* 'Kew Blue' confère une ultime touche de bleu au parterre au début de l'automne.

Un mur de brique ombragé en hiver

Avec des espèces soigneusement sélectionnées, suffisamment rustiques pour résister au froid, on peut créer une intéressante composition. *Garrya elliptica* utilisée comme arbuste mural et taillée pour conserver un profil régulier, s'orne de chatons argentés au milieu de l'hiver ; son feuillage persistant est éclairé par les feuilles du lierre (*Hedera helix* 'Glacier'). *Oemleria cerasiformis*, palissé également, anticipera le printemps avec ses jeunes feuilles et ses fleurs qui apparaissent peu de temps après le milieu de l'hiver. Un mélange d'hellébores (*Helleborus foetidus*), de *Bergenia* 'Silberlicht' et de *Sarcococca humilis*, aux fleurs effacées mais au parfum irrésistible, forme une combinaison au charme essentiellement hivernal.

LES ÉLÉMENTS VERTICAUX

Le choix d'une clôture

Il existe une infinité de types de clôtures, au niveau des matériaux, de la forme, des motifs et du style. Alors qu'un mur est une structure pleine, une clôture peut être compacte ou très aérée, selon que l'accent est mis sur son aspect pratique ou esthétique. En ville, elle peut avoir un rôle purement ornemental ou servir à assurer sa sécurité. A la campagne également, mais on y a parfois simplement besoin de barrières fonctionnelles pour empêcher le bétail d'aller et venir.

Les innombrables formes de clôtures ont toutes une fonction spécifique, adaptée aux différents environnements. Elles ont en commun leur faible épaisseur, ce qui dans un espace réduit peut porter à les préférer à un mur ou à une haie touffue. Elles combinent différents avantages du mur et de la haie : leur construction est relativement peu coûteuse et une fois achevées, elles remplissent parfaitement leur fonction. Elles exigent de l'entretien (voir page 44) et ont une longévité plus faible.

MATÉRIAUX POUR CLÔTURES (coûts gradués de 1 à 8)

Matériau/type	Coût	Longévité	Qualités esthétiques	Facilité d'entretien
Panneaux standards de lattes tressées	2	Courte	Assez minces, aspect industriel	Travail non-spécialisé
Planches jointives verticales	3	Moyenne	Satisfaisantes ; peuvent être peintes	Travail semi-spécialisé
Palissade de piquets	6	Moyenne	Satisfaisantes	Travail semi-spécialisé
Châtaignier et fil de fer	4	Moyenne	Simple mais agréable	Travail non-spécialisé
Barreaux métalliques	8	Longue	Satisfaisantes dans un endroit approprié	Travail semi-spécialisé
Grille métallique	7	Longue	Excellentes ; apparence légère	Travail semi-spécialisé
Pieux et barres horizontales (bois dur)	5	Longue	Simple mais agréable	Travail non-spécialisé
Poteaux et fil de fer	1	Moyenne	Faibles mais discret	Travail non-spécialisé
Poteaux de béton et chaîne	7	Longue	Faibles	Travail semi-spécialisé
Clayonnages de saule/noisetier	6	Courte	Excellentes, aspect léger ; s'améliore en vieillissant	Travail non-spécialisé
Barrière végétale	7	Moyenne	Excellentes	Travail spécialisé

Comment l'adapter à son objectif

Le rôle qui lui est dévolu oriente dans une large mesure le choix du type de clôture. Il faut également qu'elle soit adaptée à son environnement. Il suffit pour cela d'observer les modèles rencontrés dans la région.

Quand on recherche l'intimité, on opte pour une clôture hermétique. Dans un milieu urbain, on peut se contenter d'une clôture de lattes tressées ou d'une palissade de planches jointives, que l'on masque ensuite à l'aide de plantes grimpantes. Les premières, faites de minces lattes de bois tendre

Mettre en place des poteaux de bois

Les poteaux enfoncés dans un trou creusé dans le sol et rempli de ciment tiennent bien mais risquent de pourrir. (On introduit soit 15 pour cent de leur hauteur totale dans le sol, soit 45 cm quelle que soit leur taille.) Il est préférable de ne pas mettre le poteau en contact avec le sol : on y enfonce une tige de béton et on y boulonne le poteau au-dessus du niveau du sol, ou on plante un embout métallique pointu dans lequel on insère le poteau de bois carré (vissé à l'embout).

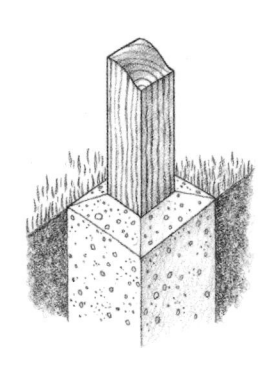

Poteau de bois planté dans le sol à l'aide de ciment

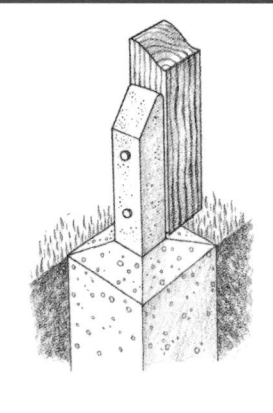

Poteau de bois fixé sur une tige de béton

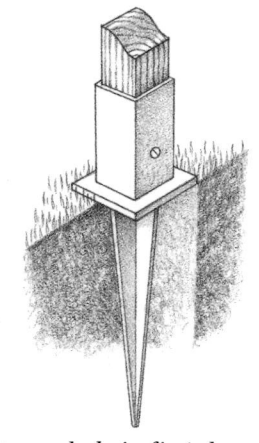

Poteau de bois fixé dans un embout métallique

LE CHOIX D'UNE CLÔTURE

entrelacées, se vendent en panneaux de différentes tailles, que l'on fixe sur de solides poteaux (voir ci-dessous). On les couvre d'un badigeon (une fine couche permet de voir le grain du bois) ou on les teint à l'aide d'un produit protecteur. Les palissades de piquets verticaux produisent un effet équivalent et on peut les peindre ou les teindre s'il s'agit de bois tendre.

Dans un milieu rural les clôtures de clayonnages offrent une structure assez solide ; on les trouve en panneaux de différentes tailles. Elles sont constituées de baguettes de saule ou de noisetier étroitement entrelacées ; le saule présente un fini plus soigné, mais le noisetier a une texture plus intéressante. Leur couleur naturelle donne un arrière-plan neutre aux plantations ; les grimpantes les apprécient vivement car elles y trouvent facilement prise. Elles constituent des brise-vent très efficaces.

En ville ou dans un village, on a surtout besoin d'une marque de démarcation symbolique et décorative. Les palissades à claire-voie et les grilles de fer forgé, dont la structure consent un maximum de lumière et d'ouverture, y sont très répandues. Ces deux types de clôture confèrent une certaine élégance à une propriété. Les palissades se composent de barres horizontales et verticales éga-lement espacées. Le sommet des palis verticaux peut être taillé en pointe ou recevoir une forme plus complexe. Teintées, elles offrent une apparence naturelle et discrète ; peintes, elles deviennent plus visibles.

Les grilles métalliques, en fer forgé ou en fonte, offrent une clôture discrète et raffinée, particulièrement adaptée à un milieu urbain. Elles demandent un certain investissement et il faut les repeindre régulièrement.

Cette clôture faite de baguettes souples de noisetier tressées sur des piquets fendus présente une texture rustique et filtre merveilleusement le vent. On peut y attacher individuellement les tiges des grimpantes comme ce rosier (Rosa multiflora).

Fixer les panneaux des palissades

Les palissades pleines, vulnérables face au vent, ont besoin de poteaux robustes, au sommet façonné ou couronné pour le protéger de la pluie. On fixe des pattes de métal aux poteaux de bois avant de visser les panneaux (1). Les poteaux de ciment ont une rainure où l'on glisse les panneaux. On construit les palissades de planches jointives verticales sur place, avec des poteaux de bois carrés où des mortaises sont taillées pour recevoir les barres sur lesquelles on cloue les planches (3). On peut utiliser une patte de métal (4).

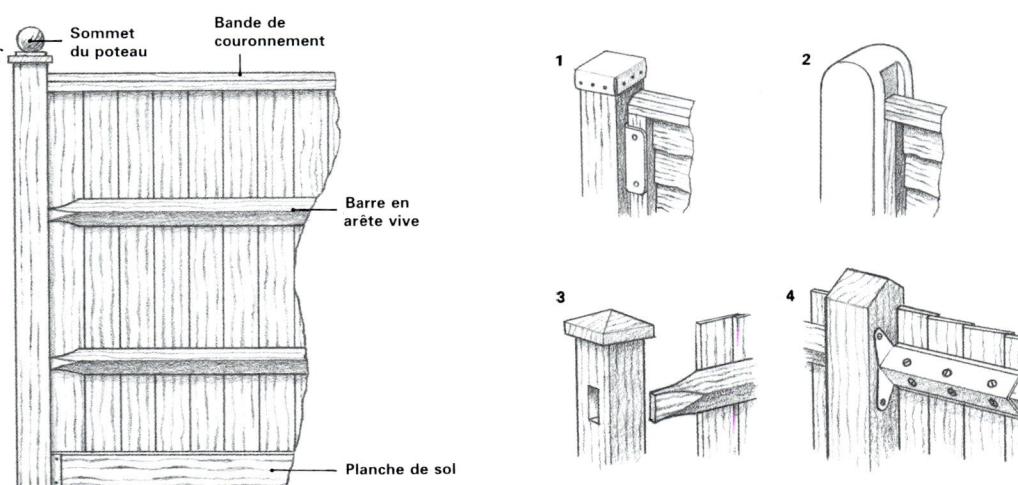

Sommet du poteau
Bande de couronnement
Barre en arête vive
Planche de sol

43

LES ÉLÉMENTS VERTICAUX

Les palissades en châtaignier et en fil de fer sont plus adaptées à un cadre campagnard. Vendues en rouleaux, elles sont économiques et faciles à installer. Elles se composent de deux câbles galvanisés sur lesquels on entortille les piquets de châtaignier fendus, qui prennent une belle teinte argentée. Elles constituent une structure simple et légère, sur laquelle les plantes peuvent grimper, créant un charmant effet rustique.

Dans certains cas, on a besoin d'une clôture assez robuste pour empêcher les animaux d'entrer, tout en étant assez légère pour ne pas obstruer la vue. On a alors le choix entre des poteaux et du fil de fer, une palissade de lisses horizontales ou une clôture métallique. Dans le premier cas, on enfonce des poteaux dans le sol, sur lesquels on fixe du fil de fer galvanisé ou un grillage métallique. Cela donne une clôture fonctionnelle et aérée : à distance, on ne voit que les poteaux. Une clôture de lisses horizontales soigneusement sciées, en bois dur ou en bois tendre traité, offre un meilleur fini, mais elle est plus apparente à distance. On plante d'abord les poteaux, sur lesquels on cloue les lisses.

Les clôtures métalliques sont résistantes mais fines et, peintes en noir, deviennent pratiquement invisibles. Elles sont constituées de montants de fer et de minces barreaux, celui du haut étant en général de section arrondie. Les quatre ou cinq barreaux sont espacés de façon progressive, ceux du bas étant plus rapprochés. Il faut les repeindre régulièrement.

Si la tranquillité d'un charmant jardin est menacée par la construction ou l'élargissement d'une route, il faut se protéger du bruit et de la pollution. Si l'espace le permet, une haie de saules constitue la clôture idéale. Il s'agit d'une clôture vivante : on tresse des claies de saules verts et on les met en place alors qu'ils sont encore frais, en les faisant reposer sur des poteaux de saule vivants enfoncés dans le sol. Il est nécessaire de mettre en place deux clôtures, avec un intervalle de 1 m entre les deux. Quand les claies sont solidement positionnées, on remplit le vide situé entre les deux de bonne terre,

Trachelospermum jasminoides
Rapportée de Shanghaï par Robert Fortune en 1844, cette grimpante à feuilles brillantes et à tiges volubiles est très appréciée pour ses bouquets de petites fleurs d'un blanc pur, très odorantes, qui virent au crème. C'est une plante à feuillage persistant qui aime grimper librement sur de fins treillis placés contre un mur ou une clôture.

en prévoyant une gouttière d'irrigation. Les claies se couvrent de feuilles, puis de pousses, donnant naissance à une haie en quelques semaines. En hiver on taille la haie qui redevient une clôture.

L'entretien des clôtures

Les clôtures de bois pourrissent et celles de fer rouillent. C'est pourquoi il convient de les imperméabiliser pour qu'elles durent plus longtemps. La partie qui se détériore le plus rapidement est celle qui se trouve au niveau du sol, où règne une humidité presque constante, mais où l'air circule bien également. C'est à cet endroit que les champignons attaquent le bois et que le fer s'oxyde rapidement et il est courant de trouver les poteaux brisés par la pourriture ou la rouille en ce point.

Quand on construit une clôture en bois, il ne faut jamais chercher à économiser en achetant des poteaux de mauvaise qualité, car c'est sur eux que repose la robustesse et la résistance au vent d'une clôture. Qu'ils soient de bois dur ou de bois tendre traité, on doit les badigeonner

LE CHOIX D'UNE CLÔTURE

A GAUCHE *Une clôture faite de robustes treillis préserve l'intimité de ce jardin urbain. Le pilier de bois situé derrière la glycine de plein-vent lui donne du relief et forme un élément décoratif.*

A DROITE *Cette simple palissade peinte en blanc s'harmonise avec la maison campagnarde aux volets de bois. Un Chaenomeles x superba 'Cramoisi et Or' pousse à l'abri de la maison.*

GRIMPANTES ET ARBUSTES MURAUX POUR CLÔTURE

Persistants appréciant l'ombre
Choisya ternata (oranger du Mexique)
Euonymus fortunei radicans
Hedera colchica 'Sulphur Heart'
Lonicera japonica 'Halliana' (chèvrefeuille)
Viburnum 'Park Farm Hybrid)
V. 'Pragense'

Persistants pour une clôture ensoleillée
Bupleurum fruticosum
Ceanothus impressus
Hydrangea seemannii
Mahonia lomariifolia
Pittosporum tenuifolium
Viburnum henryi

Grimpantes pour un espace en partie à l'ombre ou en partie au soleil
Akebia quinata
Clematis espèce et hybrides
Rosiers grimpants et sarmenteux
Passiflora caerulea (Passiflore)
Solanum crispum 'Glasnevin'
Wisteria sinensis

---

d'une couche supplémentaire de produit conservant un jour avant de les utiliser. Les embouts de métal (voir page 42) permettent de protéger les poteaux de bois de l'humidité du sol. Cela prolonge leur existence et facilite également leur remplacement : il suffit de les replacer dans les embouts. Les poteaux de ciment survivent à tous les poteaux de bois ou de métal ; ils sont beaucoup moins esthétiques, mais on peut les camoufler à l'aide de lierre. On peut fixer les clayonnages sur de fins poteaux métalliques.

On peut prolonger la carrière d'une clôture en la badigeonnant chaque année de conservant, surtout au niveau du sol. Il convient de le faire en automne, quand les grimpantes caduques ont perdu leurs feuilles. Il ne faut surtout pas utiliser de produits à base de goudron, comme la créosote, à proximité des plantes ; même les tiges ligneuses couvertes d'écorces peuvent être rongées à son contact. Les agents de conservation à base de pétrole et d'alcool, bien que moins efficaces à long terme, sont moins dangereux pour les végétaux. Les barreaux de fer doivent être badigeonnés de plusieurs couches avant d'être mis en place.

On laisse toujours un intervalle, entre la base de la clôture et le sol, pour limiter les risques de pourrissement ou de rouille. On peut fermer ce vide à l'aide d'une planche que l'on remplace au bout de quelques années, ou d'un simple fil de fer dans le cas d'une clôture en ferronnerie. Il faut également poser une barre de protection au sommet d'une barrière de bois (voir page 43).

Le fait de peindre ou de traiter une barrière est susceptible de modifier considérablement son aspect, ainsi que celui du jardin. Les couleurs sombres, qui peuvent paraître presque noires et trop écrasantes au premier abord, s'éclaircissent vite et la clôture se fond dans son environnement. Les couleurs claires le deviennent encore plus, ce qui fait que la clôture se détache toujours plus nettement sur l'harmonie des verts et des bruns. Les couleurs traditionnelles des grilles en ferronnerie sont le noir, le blanc, le vert sombre ou le bleu foncé ; il convient de les associer à celles de la maison ou de s'inspirer de la teinte de la pierre ou de la brique. Pour modifier le coloris du bois sans faire disparaître sa texture, on passe un badigeon, qui peut permettre de personnaliser une clôture en 'kit'.

Habiller les clôtures

Une barrière de lattes tressées en début d'été

Une barrière de lattes tressées préfabriquée procure rapidement intimité et protection à un jardin mais n'est pas particulièrement élégante. On peut atténuer son effet anguleux et austère avec des grimpantes et des arbustes persistants et caducs. *Ceanothus impressus* aux feuilles minuscules contribue fortement à adoucir l'apparence des panneaux et au milieu de l'été il est constellé de petites fleurs bleues. *Lathyrus rotondifolius* grimpe à travers les rameaux vert foncé de *Ceanothus* au début de l'été, laissant éclore des fleurs rose vif pendant plusieurs semaines.

Une barrière ajourée au milieu de l'été

Une barrière ajourée à structure ouverte constitue un cadre idéal pour les plantes vigoureuses, à croissance rapide, qui pourront grimper sur et entre les piquets, l'effet produit étant très agréable. Ici *Vitis vinifera* 'Incana' s'enroule entre les pointes décoratives de la barrière, ses feuilles à poils argentés se combinant de façon lumineuse et agréable avec le chèvrefeuille *Lonicera japonica* 'Halliana', l'une des variétés les plus agréablement odoriférantes. *Eccremocarpus scabra* donne des fleurs d'un rouge assourdi pendant plusieurs mois, agrémenté de longues tiges rampantes et de feuilles magnifiques.

Clôture grillagée en fin d'été

Quand une haute clôture grillagée assure la sécurité sur le pourtour du jardin, les plantes à croissance rapide sont indiquées pour la dissimuler. Les plantes à port rampant entrelacé sont particulièrement appropriées, car elles se répandent à travers les mailles et masquent de grandes surfaces. Une vivace herbacée, le houblon doré (*Humulus lupulus* 'Aureus') recouvre une vaste superficie dès le deuxième été, et au bout de deux ans, il camoufle la plus grande partie de la clôture. *Actinidia deliciosa*, la groseille de Chine ou kiwi, entremêle également rapidement ses robustes jeunes pousses sur la clôture, en produisant des feuilles arrondies ornementales. Pour l'hiver, une couverture d'*Hedera canariensis* 'Gloire de Marengo', bien qu'il soit long à partir, fournit un beau déploiement de feuillages argentés marbrés.

Une palissade de planches jointives verticales en plein hiver

Les lignes sévères de la palissade peuvent facilement donner l'impression de réduire l'espace. Quand elle est tournée vers le soleil, il est facile de la recouvrir de grimpantes mais même les coins ombragés peuvent être ornés d'espèces bien choisies. *Choisya ternata*, l'oranger du Mexique, est un charmant arbuste persistant aux feuilles brillantes parfumées et aux fleurs d'un blanc pur, que l'on peut faire pousser à la base de la clôture, ou taillé et attaché à plat contre elle. *Hedera helix* 'Buttercup' déploie ses feuilles jaune vif qui apportent un rayon de soleil dans les angles obscurs. Il accompagne ici le jasmin d'hiver (*Jasminum nudiflorum*) qui produit des petit bouquets de fleurs jaunes en forme d'étoile au cœur de l'hiver.

LES ÉLÉMENTS VERTICAUX

Les haies

UNE HAIE BIEN PROPORTIONNEE
- *Le secret d'une haie bien entretenue est de lui consacrer une attention régulière. Cela implique de la tailler une ou deux fois au cours de la période végétative pour obtenir une surface compacte, uniforme, avec des angles vifs et des bordures bien nettes. (pour le nombre de tailles annuelles, voir le tableau page 50).*
- *Une haie taillée une seule fois par an ne doit pas l'être trop tôt, sinon la reprise de la croissance gâcherait son apparence.*
- *Quand une haie exige des tailles fréquentes, il faut le faire au début de la croissance, c'est plus facile et plus rapide.*
- *Il faut parfois utiliser un gabarit, du moins au début, pour délimiter le haut des longues haies. On peut le réaliser à l'aide de bâtons plantés dans le sol tous les deux mètres et de cordes tendues dont on détermine la hauteur en mesurant à partir du sol.*
- *On peut tailler de courtes haies ou des réalisations topiaires, en utilisant comme patron un panneau d'Isorel prétaillé.*

Parfois, une haie apparaît comme la meilleure solution pour créer une enceinte ou une division raffinée, dont les lignes sont en harmonie avec l'ensemble des plantations. Elle peut garantir le même degré d'intimité et de protection qu'un mur ou une palissade et offre un intérêt supplémentaire : ses coloris et sa texture se modifient. Enfin, une haie influe énormément sur l'atmosphère d'ensemble d'un jardin, en lui imposant un certain style ou en accentuant son caractère.

Dans une région exposée au vent, la protection d'une haie se révèle plus efficace que celle d'un mur ; alors que ce dernier a tendance à dévier et à détourner les vents, la haie les filtre et brise leur violence. Enfin, une haie représente un investissement de départ moins important, mais demande plus d'entretien qu'un mur ou une clôture.

Les haies présentent parfois des désagréments. Atteignant souvent un mètre de large, elles deviennent plus encombrantes qu'un mur ou une clôture. Les haies d'if (*Taxus baccata*) et de buis (*Buxus sempervirens*) sont particulièrement assoiffées et cela porte préjudice aux plantes voisines sur un sol sec. Dans ce cas, il convient de planter des espèces à feuilles argentées, qui tolèrent la sécheresse. Avec des espèces caduques, il faut tenir compte de la chute des feuilles annuelle ; même des persistants comme le houx (*Ilex aquifolium*) et le buis perdent discrètement leurs feuilles en été, au moment où le jardin devrait offrir l'apparence la plus nette possible.

Naturellement, il faut du temps avant qu'une haie remplisse pleinement son rôle, alors qu'un mur ou une clôture y parvient immédiatement. Son développement diffère par ailleurs en fonction des végétaux choisis. Une haie de houx pousse très lentement, mais une fois bien formée, elle est hermétique et ne réclame pas de tailles fréquentes. Alors qu'une haie de troène (*Ligustrum ovalifolium*) démarre très rapidement mais connaît par la suite une croissance assez lâche et doit être constamment taillée.

Quel type de haie choisir ?

Va-t-on utiliser une seule espèce, pour créer une haie parfaitement uniforme, ou planter un mélange, pour obtenir un bel écran aux textures variées ? Le choix portera-t-il sur des feuillages caducs ou persistants ? Les haies d'enceinte formeront-elles des angles à 90° ou auront-elles plutôt tendance à serpenter, pour adoucir les lignes sévères ? Pour répondre à ces questions, il faut d'abord définir le rôle de la haie, en prenant en considération le style de la maison et du jardin.

Si la haie possède une vocation de brise-vent, il faut choisir des espèces résistantes au vent et, près d'une côte, aux projections de sel (voir le tableau, page 50). Si elle est conçue pour préserver l'intimité, des feuillages caducs sont peu appropriés en hiver. S'il s'agit d'empêcher le passage du bétail, elle doit être robuste et de préférence épineuse — par exemple de l'aubépine (*Crataegus monogyna*) ou du prunellier (*Prunus spinosa*) — et ne pas comporter de plantes nocives pour les animaux, comme l'if ou le buis.

Les végétaux choisis doivent être en mesure d'atteindre les dimensions requises et de s'adapter parfaitement au terrain considéré. Outre ces aspects pratiques, il faut également prendre en compte des considérations esthétiques. Car une haie d'if taillée avec rigueur présente une physionomie linéaire et formelle, assez proche de celle d'un mur, bien différente de l'apparence ouverte et ondoyante d'une haie mixte composée d'épineux.

Les haies comportant une seule espèce

Offrant un aspect uniforme et solide, ces haies délimitent parfaitement les espaces. Le hêtre (*Fagus sylvatica*) et le charme (*Carpinus betulus*) conservent leurs feuilles mortes et sèches en hiver lorsqu'ils sont taillés ; ils conviennent donc parfaitement. L'if, le houx et le buis, bien que leur

LES HAIES

A DROITE *Les haies offrent un agréable arrière-plan aux parterres garnis de fleurs blanches : sceaux de Salomon, radiaires, pivoines blanches et funkias. Le hêtre et l'if ont une belle texture et un coloris profond et on peut les tailler pour leur conférer un fini uniforme.*

CI-DESSOUS *Les magnifiques tons du hêtre pourpre font un arrière-plan spectaculaire aux parterres bordés de buis garnis d'espèces à floraison d'été comme les* Agapanthus.

croissance soit lente, donnent des haies formelles qui se prêtent à être taillées énergiquement ; elles peuvent prendre les formes géométriques les plus fantaisistes. Les espèces persistantes comme le troène, le cyprès hybride de Leyland (*x Cupressocyparis leylandii*), *Lonicera nitida*, le laurier (*Laurus nobilis*) et le laurier-cerise (*Prunus laurocerasus*) croissent rapidement et fournissent des haies bien fournies, mais elles réclament beaucoup d'entretien.

On peut planter des espèces qui donnent des fleurs et des fruits pour augmenter l'attrait des haies : *Viburnum tinus* et *Osmanthus delavayii* à floraison précoce, *Rosa eglanteria* - églantier odorant - et *Rosa rugosa*, produisent une multitude de fleurs au milieu de l'été, puis de gros fruits de couleur vive en automne ; la première possède également des feuilles odoriférantes.

Pour créer une haie n'excédant pas 45 cm de haut, le long d'un parterre ou d'une allée, on utilise le buis nain (*Buxus sempervirens* 'Suffruticosa'), la lavande (*Lavandula angustifolia*), la germandrée petit chêne (*Teucrium x lucidrys*), la santoline

LES ÉLÉMENTS VERTICAUX

CHOIX DE PLANTES POUR HAIES

PLANTE * = Feuillage persistant	Couleur et taille des feuilles	Fleurs/fruits/ caractéristique intéressante	Croissance annuelle moyenne/ parvient à maturité en		Rangées/ plantes par mètre	Aspect/ nombre de tailles annuelles	Accoutumance au froid/au vent (* = accoutumance à l'air marin)
Alnus incana Aulne blanc	Vert moyen 3 cm	Chatons en début de printemps ; cônes en hiver	45 cm	5 ans	Une seule (3)	Informel (1)	Oui*
* *Buxus sempervirens* Buis	Vert foncé 1 cm	Parfum suggestif	10 cm	6 ans	Une seule (6)	Formel (2)	Non*
Carpinus betulus Charme	Vert moyen 6 cm		30-45 cm	6 ans	En quinconce (3)	Formel (1)	Oui*
Crataegus monogyna Mélange d'aubépines		Fleurs, fruits et couleur des tiges	45-60 cm	4 ans	En quinconce (3)	Informel – Tailler une fois tous les trois ans	Oui*
x *Cupressocyparis leylandii* Cyprès de Leyland	Vert moyen 1 cm		75-90 cm	4 ans	Une seule (2)	Formel ou Informel	Non*
* *Escallonia* 'Donard Seedling'	Vert foncé 2 cm	Fleurs en fin d'été	30 cm	4 ans	Une seule (2)	Informel (1)	Non*
Fagus sylvatica Hêtre	Vert moyen 7 cm		45 cm	6 ans	En quinconce (3)	Formel (1)	Oui*
* *Ilex aquifolium* Houx	Vert foncé 5 cm	Fleurs au printemps ; baies en hiver	20-30 cm	7 ans	Une seule (2)	Semi-Formel (1)	Oui*
* *Lavandula angustifolia* Lavande	Argent 2 cm	Fleurs en milieu d'été ; senteur	10-15 cm	2 ans	Une seule (3)	Formel (2)	Non*
* *Ligustrum ovalifolium* Troène	Vert moyen 4 cm	Fleurs blanches en milieu d'été	30 cm	4 ans	En quinconce (3)	Informel (3)	Oui*
* *Lonicera nitida*	Vert clair 0,5 cm		30 cm	3 ans	Une seule (4)	Formel ou Informel (3)	Non*
* *Osmanthus delavayi*	Vert foncé 2 cm	Fleurs parfumées au printemps	20-30 cm	6 ans	Une seule (2)	Formel ou Informel (1)	Non*
* *Prunus laurocerasus* Laurier-cerise	Vert moyen 10 cm		30 cm	4 ans	Une seule (2)	Semi-formel (1)	Non*
Rosa eglanteria Eglantier odorant	Vert clair 2,5 cm	Fleurs en milieu d'été ; fruits en automne ; feuilles odoriférantes	45 cm	3 ans	Une seule (3)	Informel (1)	Non*
* *Taxus baccata* If	Vert foncé 2 cm	Baies en hiver	20-30 cm	8 ans	Une seule (2)	Formel (1)	Oui*

Tropaeolum speciosum

Cette capucine oppose une puissante touche de couleur aux tons sombres de la haie. Grimpante originaire du Chili, elle s'agrippe par elle-même, en dépit de son apparence fragile, en faisant éclore de délicates feuilles vert pâle à six lobes au fur et à mesure de son ascension. Dès qu'elle a bien démarré, des fleurs écarlate vif apparaissent chaque année en été.

(*Santolina chamaecyparissus*) ou le romarin (*Rosmarinus officinalis*). En dehors du buis, ces plantes ne vivent pas plus de cinq à dix ans.

Les haies mixtes

En associant deux ou trois espèces, on obtient une texture d'apparence plus subtile. Il ne suffit pas d'utiliser des variations de teintes ; par exemple le hêtre (*Fagus sylvatica*) planté avec sa variété à feuilles pourpres (*F. sylvatica purpurea*) donne un magnifique effet coloré, mais la forme et la taille des feuilles sont trop uniformes. L'association du charme (*Carpinus betulus*) et du houx panaché (*Ilex aquifolium* 'Silver Queen'), est plus satisfaisante (particulièrement réussie dans une proportion de dix charmes pour un houx). En été, le tapis vert du charme est parsemé des taches plus claires du houx et en hiver les feuilles dorées du charme sont mises en valeur par le chatoiement vert persistant du houx. Trois espèces à croissance lente, l'if, le houx et le buis en proportions égales forment une excellente combinaison : les feuillages varient du vert olive au vert sombre presque noir et offrent une subtile variation au niveau des textures et des tailles.

Dans un cadre purement rural, on peut créer une haie solide, impénétrable et très agréable en mélangeant au hasard quatre ou cinq espèces locales, comportant au moins cinquante pour cent d'épineux. L'érable champêtre (*Acer campestre*), le prunellier (*Prunus spinosa*), le noisetier (*Corylus avellana*), la boule-de-neige (*Viburnum opulus*), les fusains (*Euonymus alatus*) et l'églantier commun (*Rosa canina*) sont tous parfaitement indiqués. En

LES HAIES

les combinant, on obtient des fleurs et des fruits et on encourage le développement de la faune sauvage. On peut y incorporer des troènes et du houx, pour que ces persistants leur confèrent un peu d'attrait pendant la période hivernale. On ne taille une haie de ce type, pour restaurer le profil de la haie, que tous les trois ans ; car si on le faisait chaque année, elle ne fournirait pas suffisamment de fleurs et de fruits.

Planter une haie

Le moment idéal pour planter une haie est la fin de l'automne ou le début de l'hiver. Quand on plante une haie, on doit pouvoir compter sur plusieurs mois de pluie et de temps froid, pour que les racines se mettent bien en place, avant que les plantes entament leur cycle végétatif. Les espèces à croissance lente, telles que le buis, l'if et le houx sont beaucoup plus économiques que celles à croissance plus rapide.

On détermine d'abord la ligne médiane de la haie à l'aide d'un cordeau, puis on mesure au moins 30 cm de chaque côté pour déterminer la largeur de la tranchée. On creuse ensuite (voir ci-dessous) en détruisant au fur et à mesure toutes les mauvaises herbes profondément enracinées. On étale une couche de 10 cm de fumier ou de compost au fond de la tranchée pour favoriser la rétention de l'humidité et fournir de l'humus aux jeunes racines. Puis on replace sur cette couche la terre arable extraite de la tranchée, jusqu'à une profondeur de 15 cm. Et on y introduit un engrais organique.

On laisse les plantes à racines nues bien emmaillotées dans des sacs de polyéthylène, pour que

On peut utiliser les haies pour édifier des éléments d'architecture peu coûteux, comme ces haies de hêtre aux courbes généreuses taillées en forme d'arches et de corridors.

Creuser les tranchées

Pour une haie simple, creusez une tranchée de 45 cm de large sur 45 cm de profondeur ; pour une haie double, il faut une tranchée de 60 cm de large sur 45 cm de profondeur. Enlevez la première couche de sol arable riche en humus, sur une épaisseur correspondant à un fer de bêche et mettez-la de côté. Mettez à part la terre du sous-sol, d'une couleur plus claire. Aspergez les deux tas d'engrais. Remplissez le fond de la tranchée. Pour planter une haie en quinconce tendez deux cordes parallèles à 15 cm de distance de la ligne médiane.

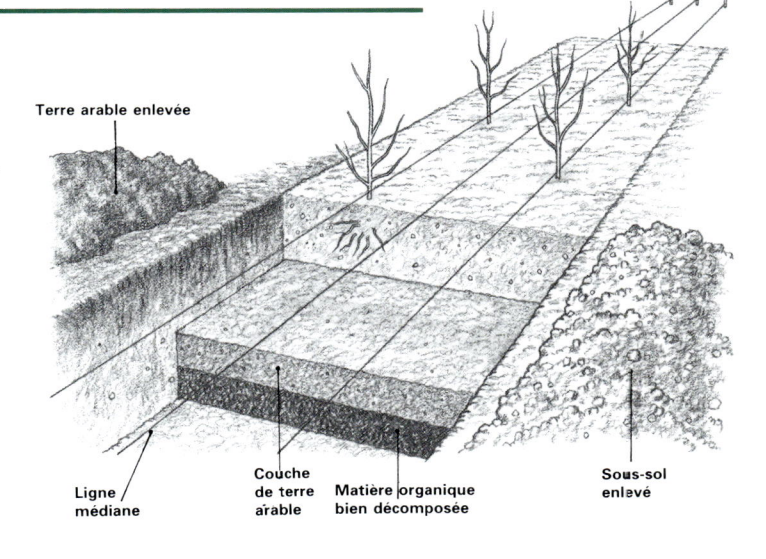

Terre arable enlevée

Ligne médiane — Couche de terre arable — Matière organique bien décomposée — Sous-sol enlevé

On peut mesurer la distance entre les plantes de chaque rangée à l'aide d'une baguette. Si l'on a des plants aux racines dénudées, il faut quelqu'un pour les tenir et les espacer correctement pendant qu'une autre personne comble l'espace autour des racines à l'aide de la terre arable enlevée.

51

LES ÉLÉMENTS VERTICAUX

les racines restent humides. Si on ne peut pas les planter le jour même, on les met en jauge dans un fossé et on les arrose. Au moment de les planter, on les place dans un sac en plastique blanc qui réfléchira la lumière et la chaleur. On évite de les sortir du sac, car le vent peut détériorer et assécher leurs fines racines en quelques minutes. Si par hasard cela se produisait, on plonge les racines dans un seau d'eau. On a indiqué page 51 comment espacer et positionner en terre les plantes destinées aux haies.

Si les plants sont en conteneur, on les arrose la veille. Au moment de les planter, on les sort du récipient en dégageant doucement toutes les racines courbées et comprimées ; il faut parfois les tailler avec un couteau tranchant. La mise en place des plantes en conteneur est plus facile : elles peuvent tenir où on les installe. La profondeur du trou de plantation est déterminée par le volume des racines : elles doivent se trouver au fond de la tranchée partiellement remplie, celles du dessus étant au ras de la surface du sol.

Quand on a planté la haie sur toute sa longueur, on remplit la tranchée jusqu'à ras bord à l'aide de la terre du sous-sol extraite précédemment. Puis on vérifie le niveau d'installation des plantes. Elles sont souvent plantées trop profond ; il faut alors les tirer doucement vers le haut, pour qu'elles se retrouvent au même niveau qu'à la pépinière. Puis on tasse doucement avec les pieds tout le long des rangées de plants, en les maintenant par leur partie supérieure. On comble ensuite le sol légèrement creusé à l'aide de la terre restante.

Soins ultérieurs

Si la jeune haie nouvellement plantée ne comporte que de longues tiges sans pousses latérales, on les coupe à mi-hauteur. Cela favorise une croissance vigoureuse et dense à partir de la base. Pendant sa période de formation, on peut protéger une jeune haie située en terrain découvert à l'aide d'une clôture provisoire que l'on ôte dès qu'elle est assez dense. Quand elle est menacée par des lapins ou des lièvres qui viennent la grignoter pendant la nuit, on installe sur toute sa longueur un grillage enfoncé dans le sol jusqu'à 30 cm de profondeur.

Une fois plantée, la haie doit recevoir un paillis : terreau de champignon, éclats d'écorce, fumier, compost ou encore paille humide, sur une épaisseur de 8 cm. Cela permet de conserver l'humidité et empêche la prolifération des mauvaises herbes annuelles. Les mauvaises herbes vivaces doivent naturellement être éradiquées dès leur apparition. Si le premier été est particulièrement sec, il faut arroser la haie régulièrement. On se servira, autant que possible d'un long tuyau perforé capable d'imprégner le sol sans gaspiller de grandes quantités d'eau ; il convient de le laisser sur place, le long de la haie, pour pouvoir l'utiliser à tout moment. On peut mettre à nouveau de l'engrais au début de l'été, pour renouveler les éléments nutritifs perdus et apporter un stimulant aux plantes.

L'entretien des haies

On taille les nouvelles haies avant qu'elles atteignent leur hauteur définitive. Car si on les laisse à elles-mêmes, elles apparaissent clairsemées dans le bas, avec de longues tiges sans branches latérales. Dès la première année, au début de l'automne, on coupe le bout des branches, en enlevant environ un quart des pousses de l'année, pour favoriser la croissance de rameaux latéraux.

Dès que la haie atteint sa hauteur définitive, il faut la tailler régulièrement (voir page 48). Des cisailles suffisent pour entretenir une haie de dimension modeste ou des bordures de buis nain. Pour des haies plus importantes, un taille-haies à moteur permet d'épargner du temps et de l'énergie. Les appareils électriques sont légers et faciles à utiliser (branchez-les toujours en utilisant un disjoncteur pour plus de sécurité). Les engins à essence sont légèrement plus lourds mais ne posent pas le problème du câble électrique. On les tient toujours à deux mains. Pour créer des formes de buis précises, comme les spirales ou les boules, c'est le sécateur qui est le plus précis. On s'en sert aussi pour tailler les haies constituées d'espèces à grandes feuilles comme le laurier, pour éviter la vision désagréable de feuilles tailladées. On récupère les déchets de taille à l'aide de bâches ou de sacs en plastique disposés sur le sol.

LES PROBLÈMES DES HAIES

- En fonction des espèces, une haie négligée ou envahie par la végétation a besoin d'être énergiquement taillée pour retrouver sa forme. Faites-le en début de printemps, puis procédez à un paillage généreux de fumier ou de terreau de champignons et administrez-lui un engrais de sang, de poisson et de poudre d'os. Arrosez-la par temps sec.
- On peut tailler l'if, le houx, le hêtre, le charme, le troène, le laurier et *Lonicera nitida* à fond en hauteur et en largeur, pour ne laisser que le tronc principal et les moignons des branches, à partir desquels ils repartent avec une vigueur nouvelle.
- Le buis admet également une taille sévère, bien que le résultat puisse être irrégulier. Certaines plantes se régénèrent bien, mais d'autres meurent et il faut les remplacer par des plants produits sur place.
- Les conifères (comme *Thuja plicata*, *Chaemaecyparissus* x *Cupressocyparis leylandii*) ne repartent pas après avoir subi une taille trop sévère, et il faut les remplacer par une nouvelle haie.

Les écrans

Cet élégant écran en treillis placé derrière un vieux pommier masque en partie un potager. Il confère une grande force ornementale au jardin en hiver, en projetant de grandes ombres sur la pelouse couverte de givre ; les ombres sont fortement mises en valeur par les ouvertures en forme d'arc qui rythment le treillis.

Les plus magnifiques jardins recèlent des éléments importuns, souvent utilitaires et indispensables, mais nullement décoratifs et qu'il faut dissimuler. Cela va des garages, des réservoirs de fuel et même parfois des piscines, aux enrouleurs de tuyau d'arrosage et aux tas de compost. Les poubelles placées par commodité sur l'allée d'accès, et les réservoirs de fuel ou de gaz, également bien en vue pour faciliter l'accès des camions-citerne, constituent les exemples les plus évidents d'objets inesthétiques qui attirent le regard. A un niveau moindre, les compteurs de gaz et d'électricité, que l'on peut souvent voir surgir sur le flanc d'un édifice comme une verrue, ou les colonnes d'alimentation en eau et les robinets, même s'ils s'avèrent indispensables, constituent aussi des ajouts disgracieux. Le tas de compost et la resserre à outils sont des auxiliaires essentiels du jardin, surtout sur un grand terrain, mais ils contribuent rarement à son charme. Par ailleurs, on peut avoir besoin de masquer certains édifices du voisinage ou, pour le moins, de trouver un moyen d'en détourner la vue (voir page 55).

Les formes de camouflage

Beaucoup d'éléments inesthétiques peuvent être masqués facilement ; il suffit souvent de distraire le regard pour réduire considérablement leur impact sur le jardin. Un solide écran, végétal ou bâti, a tendance à attirer l'attention sur un point plutôt qu'à le faire disparaître. Mais un écran léger, qui

LES ÉLÉMENTS VERTICAUX

PLANTES À
CROISSANCE RAPIDE
POUR FAIRE ÉCRAN
Arbres et arbustes caducs
Ailanthus altissima
   (ailante)
Lavatera olbia (mauve
   arbustive)
Paulownia tomentosa
Populus alba (peuplier)
Salix alba (saule)
Sambucus nigra (sureau
   noir)

Grimpantes
Clematis montana
Cobaea scandens
   (annuelle)
Fallopia baldshuanica
Hedera helix (lierre)
Jasminum nudiflorum
   (jasmin d'hiver)
J. officinalis (jasmin
   blanc)
*Parthenocissus
   tricuspidata*
   (vigne-vierge)
Solanum crispum
   'Glasnevin'
Tropaeolum peregrinum
   (annuelle)
Vitis coignetiae et *V.
   vinifera* (vigne)
Wisteria sinensis

Plantes persistantes de
   camouflage
Elaeagnus x ebbingei
Mahonia espèce et
   cultivars
Prunus laurocerasus
   (laurier-cerise)
Sinarundinaria nitida
   (bambou)
Thuja plicata
Viburnum 'Pragense'

l'estompe subtilement, permet de confondre l'œil et de faire disparaître l'élément disgracieux dans le décor.

Les constructions présentes à l'intérieur du jardin peuvent être utiles et bien construites tout en étant peu assorties à leur environnement. Il est assez facile de modifier leur apparence à peu de frais. Ainsi on peut masquer une resserre de jardin inesthétique à l'aide de treillages ajourés. Cela brise également la monotonie des superficies pleines, en amplifiant le jeu de l'ombre et de la lumière. Mais si l'on veut transformer la forme et la perspective de la construction incriminée d'une façon plus absolue, il convient d'utiliser une structure indépendante.

On peut facilement camoufler d'autres éléments : par exemple des poubelles deviennent invisibles derrière un écran haut et large et un compteur semble moins imposant s'il est peint de manière à se confondre avec la pierre, la brique ou le béton sur lequel il est fixé. S'il est toujours trop apparent, on peut ériger un obélisque en treillis à trois dimensions pour le recouvrir, en s'assurant que ses cadrans restent visibles. En général plus le treillage est sombre, plus il se fond dans son arrière plan. Dans la plupart des cas, une couleur très foncée est plus appropriée pour réaliser un camouflage, en particulier si le treillis est associé à des plantes grimpantes et sarmenteuses.

L'utilisation de murs peints, sous la forme de fresques murales ou de trompe-l'œil, a longtemps été très en vogue dans les milieux urbains, souvent pour agrandir l'espace, mais également pour embellir un grand mur ou enjoliver une annexe sans grâce de la maison. Cela peut se limiter à la représentation de faux blocs de pierres ou de

LES ÉCRANS

A GAUCHE *Des treillis de bois teintés, de plus en plus larges au fur et à mesure qu'ils s'éloignent, sont utilisés pour accentuer visuellement la profondeur d'un petit jardin. Des* Lavandula, Carpenteria californica *et* Magnolia grandiflora *profitent de la protection des murs.*

briques peintes, ou comporter la représentation de treillis, de plantes et de fenêtres. En ce qui me concerne, je pense qu'il est préférable d'associer des éléments en trompe-l'œil à de véritables treillages garnis de vraies plantes.

Les écrans végétaux

On s'imagine souvent qu'un écran végétal doit être constitué de feuillages persistants, de crainte que la structure indésirable ne soit à nouveau visible pendant l'hiver. Mais il est toujours très évident qu'une masse compacte de persistants — arbustes, arbres ou grimpantes — a été placée là pour cacher quelque chose. Des espèces mélangées constituent un écran tout aussi efficace mais moins directement décelable. On peut même envisager de créer un écran entièrement constitué de feuillages caducs, en utilisant des arbustes possédant beaucoup de rameaux et en les disposant en épaisseur : leur fin réseau de branches masquera ce qui se trouve au-delà, même en hiver.

Associés à des treillages, les arbustes et les grimpantes contribuent efficacement à distraire l'attention. Des grimpantes entrelacées sur un treillis offrent un spectacle changeant, qui varie suivant la densité de la couverture. On peut associer les espèces en fonction des coloris de leurs feuillages et de leurs fleurs, mais également de la forme et de la taille des feuilles : cela donne une impression de profondeur : les grandes feuilles semblent s'avancer et les petites reculer.

Les arbres et les arbustes plantés ensemble de façon dense forment un excellent écran. On peut réaliser un camouflage en hauteur uniquement avec des arbres. On choisit les plantes en fonction de ses goûts personnels, mais aussi de considérations ayant trait à leur rythme de croissance ; naturellement, elles doivent également être adaptées au site. Des espèces qui fournissent un bon écran en un ou deux ans, comme *Fallopia baldschuanica*, deviennent parfois gênantes par la suite, quand elles se mettent à soulever les tuiles du toit, à arracher les treillis ou à briser les dallages avec leurs racines. Des espèces à croissance rapide comme le sureau (*Sambucus nigra*) et le mélèze (*Larix decidua*) peuvent, parfois en l'espace d'un an, offrir un camouflage tout à fait satisfaisant. Il faut juste les tailler de façon régulière pour qu'elles ne prennent pas trop d'ampleur.

Si l'on érige un écran d'arbustes à feuilles caduques, autant choisir une espèce possédant des tiges décoratives ou une belle écorce. Des plantations denses de cornouillers (*Cornus alba* cultivars) aux tiges rouges, vert acide ou noires, ou de saules (*Salix*) aux tiges jaunes et oranges, sont magnifiques au soleil d'hiver, si on les rabat à quelques centimètres du sol tous les deux ou trois ans. Il serait difficile de classer les plantes appropriées pour créer un écran en fonction de leur rythme de croissance. L'idéal est toujours d'utiliser des espèces déjà représentées à l'intérieur du jardin, de manière à ce qu'elles se fondent dans leur environnement.

CI-DESSUS *Une plantation linéaire d'arbustes décoratifs caducs constitue un écran dense qui protège l'intimité. De gauche à droite :* Berberis thunbergii, Cornus alba, Weigela florida, Cotoneaster, Ribes sanguineum.

CI-DESSUS A DROITE *D'élégants treillis de bois forment un écran entremêlé de chèvrefeuille odoriférant* (Lonicera periclymenum) *et de pois de senteur* (Lathyrus odoratus).

55

LES ÉLÉMENTS VERTICAUX

Des portails adaptés à toutes les situations

Cette porte en fer forgé peut convenir aussi bien en ville qu'à la campagne. Ici, peinte en noir, elle ne cherche pas à monopoliser l'attention mais constitue une élégante entrée principale. Les piliers de pierre rappellent le matériau de la maison, ainsi que l'allée dallée bordée de lavande (Lavandula 'Munstead'). Des pyrèthres poussent contre un pilier.

Il existe une infinité de portails : ils diffèrent par leur taille, leur forme, leur matériau et leur degré de rusticité ou de raffinement. Que leur dessin extrêmement élaboré présente une décoration originale ou qu'ils soient faits de simples panneaux, ils trouvent tous leur place dans un cadre approprié. Quand ils s'intègrent à une clôture, ils s'harmonisent avec son style ; mais un mur ou une haie ne fournissent aucune inspiration précise quant à son dessin ou à son matériau.

Il faut d'abord opter pour une porte ajourée ou pleine, un portillon ou un portail à deux battants. Que le cadre soit modeste ou somptueux, en ville comme à la campagne, on rencontre très fréquemment des portails de fer forgé. On explique cet engouement par leur caractère accueillant, car ils permettent au visiteur d'entrevoir le jardin. Mais on peut préférer l'idée d'une porte pleine qui ménage une surprise. A l'extrémité d'une allée carrossable proche de la maison, l'usage d'un portail hermétique est fortement conseillé pour préserver l'intimité du côté de la rue. Quand un mur ou une haie constitue un brise-vent, on risque de provoquer l'apparition d'un corridor venteux en l'interrompant par une ouverture à claire-voie. Dans ce cas une porte massive est plus indiquée. En hiver, un portail ajouré peut être obstrué à l'aide de panneaux, de planches ou de nattes, que l'on ôte au retour de la belle saison.

En général, la hauteur d'un portail doit correspondre à celle de la structure à laquelle il s'intègre ou être légèrement plus basse. Mais si l'on veut donner plus d'importance à l'entrée, on peut mettre en place un portail dominant l'enceinte à l'aide d'une paire de hauts piliers de pierre ou de bois. La largeur du portail est déterminée par son rôle. Quand il doit permettre le passage de véhicules, il faut prévoir un dégagement assez large. Un portail étroit risque de constituer une gêne, par exemple pour passer avec une brouette.

On s'expose fréquemment à ne pas remarquer une porte pleine se découpant dans une haie imposante, alors qu'un portail à claire-voie ou une simple grille métallique, avec une allée menant à la maison, semble encourager les visiteurs. Quand un jardin bénéficie d'un panorama agréable, on peut faire en sorte qu'il semble encore plus spacieux en laissant le regard se porter au-delà de son enceinte. Dans ce cas un portail de fer forgé finement ouvragé joue le rôle d'une fenêtre ouverte sur la campagne environnante.

Peinture des portails et poteaux d'huisserie

Si on le peint en noir ou en gris foncé, un portail ajouré se fond dans son environnement. S'il est

DES PORTAILS ADAPTÉS À TOUTES LES SITUATIONS

blanc ou de couleur claire, le regard achoppera sur lui. Un portail principal doit reprendre les couleurs des fenêtres et de la porte d'entrée de la maison. Sinon, on peut le peindre en blanc ou d'une autre couleur claire, pour mettre l'entrée en valeur. Les portes de bois sont généralement peintes ou traitées avec un conservant. On peut également préférer le bois dur laissé tel quel, car il prend une belle teinte gris argenté en vieillissant ; après une application de conservant, il fonce beaucoup et perd ainsi une bonne partie de la patine subtile qui se forme au cours du temps.

Les poteaux d'huisserie en bois ou en métal, ou les piliers de pierre, contribuent à l'esthétique des portes. Les poteaux de bois carrés conviennent aux portails pleins, en planches. On peut embellir les poteaux massifs en taillant leur sommet en forme de fleuron et, éventuellement, en les peignant. Pour les portes des grilles métalliques et les portails de fer forgé, on utilise des poteaux de métal avec des boutons décoratifs en forme de fleurons.

On confère plus d'importance aux grands portails en les associant à des piliers de pierre, qui mettent l'entrée en valeur. Ces derniers peuvent être constitués de grosses pierres carrées ou simplement recouverts d'un parement de pierres ; on les surmonte souvent de hauts fleurons ornementaux. L'observation des piliers et des portails des environs permet de déterminer leur style, leurs dimensions et, en particulier, leurs proportions. Il va sans dire que les loquets et les fermetures doivent être faciles à manier et, une fois bien fixés, rester parfaitement fermés.

Cette porte à claires-voies peinte en blanc est tout à fait adaptée à son environnement rural. Elle constitue une entrée simple et accueillante pour ce jardin campagnard planté de Linum perenne, Geranium grandiflorum, Centranthus ruber *rose et de* Brachyglottis *(syn.* Senecio) greyi. *On doit toujours laisser un espace libre sous les portes de bois, pour qu'elles ne raclent pas le sol quand elles se dilatent.*

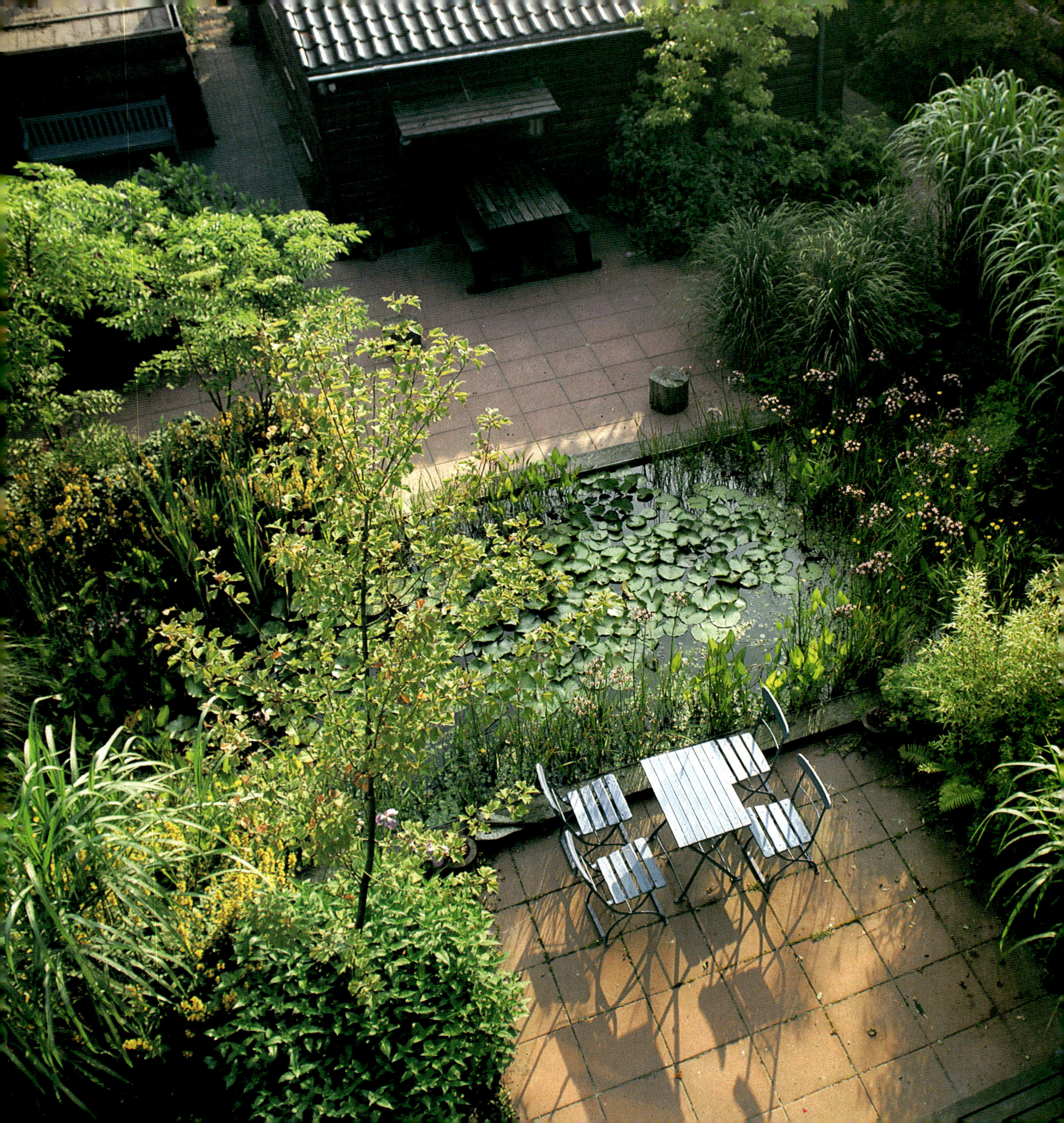

LES ÉLÉMENTS HORIZONTAUX

Un jardin comporte deux grandes catégories de structures horizontales : les aires de circulation et les surfaces cultivées. On peut métamorphoser un cadre relativement fade et sans intérêt en une composition animée et pleine de charme si l'on sait combiner harmonieusement des superficies dallées aux coloris et aux textures variés et des espaces plantés, qu'il s'agisse de pelouses ou d'arbustes.

Pour ne pas sembler trop sévère, un espace dallé doit être entouré d'une végétation exubérante. Le bassin rectangulaire confère un air paisible à ce jardin et la table et les chaises qui le jouxtent profitent de sa surface réfléchissante.

LES ÉLÉMENTS HORIZONTAUX

Les aires du jardin

Les structures horizontales répondent à des exigences pratiques, car le jardin est destiné à servir de cadre à diverses activités d'extérieur. Les surfaces en dur, qui comprennent aussi bien des allées étroites que de vastes terrasses, ou même des jardins entièrement dallés, correspondent à des besoins de circulation, de repos et de détente. Ils sont également conçus pour y stocker le mobilier de jardin et y garer la voiture, pour permettre aux outils à moteur et aux brouettes d'accéder au jardin par tous les temps. Les espaces plantés comportent des aires de jeu sûres pour les enfants, sous la forme de pelouse, ainsi que des parterres de fleurs, des arbustes, des arbres ; ils peuvent aussi fournir des fruits et des légumes.

Un jardin ne comporte pas nécessairement toute la gamme des structures horizontales. Mais dans un espace bien conçu, on peut trouver des terrasses dallées, des pelouses, des allées droites ou sinueuses longeant des parterres de plantes herbacées ou des massifs d'arbustes et même une volée de marches latérales menant à l'accès carrossable. Les proportions et les matériaux employés exercent une forte influence sur l'aspect du jardin. Ainsi une vaste surface pavée de briques rouge vif entourée de parterres de dimensions modestes sera moins agréable à regarder que le même espace dallé de pierres aux teintes douces, au sein d'une végétation exubérante.

Le profil de ces éléments détermine également le caractère du jardin. Des allées, des pelouses et des parterres rectilignes, à angles droits, lui confèrent une structure rigoureuse et formelle, qui incite à planter les végétaux de façon stricte et soigneusement ordonnée pour créer une composition d'apparence extrêmement solennelle ; on peut naturellement choisir de rompre et d'adoucir ce cadre strictement géométrique en disposant les plantes de façon plus souple. Au contraire, un jardin composé de courbes et de cercles constitue un cadre plus propice à la rêverie, mais il peut dans certains cas devenir excessif et fatigant. Il est toujours préférable de tracer de larges courbes simples, afin que l'œil n'en saisisse jamais plus d'une à la fois.

Dans la mesure du possible, les courbes doivent avoir une raison d'être. Elles peuvent suivre la base d'un talus irrégulier, le pied d'un mur de soutènement incurvé ou le pourtour de la frondaison d'un grand arbre isolé. Mais si le site est complètement plat, il faut partir de certains éléments verticaux pour définir le profil du jardin. On peut tracer les allées et les parterres en fonction de la largeur des portes, des fenêtres et des murs et baser les dimensions des pelouses ou des terrasses sur celle de la façade. Cela contribue à fondre la maison dans son cadre.

Pourquoi des espaces en dur ?

Il peut s'agir de six dalles de pierre placées au bord d'une pelouse pour y installer un banc, ou de plusieurs centaines de mètres carrés de graviers, formant une sorte de cour devant la maison. Leur fonction est la même : elles dotent les endroits les plus fréquentés d'une surface propre, bien drainée, facile à entretenir, commode par tous les temps.

Les raisons de daller des parties ou même l'ensemble du jardin sont nombreuses. On a besoin d'espaces secs pour y disposer des tables et des sièges, ainsi que les voitures et les outils de jardin motorisés. Dans certains cas, on peut être amené à paver tout le jardin, en particulier quand il est petit et reçoit beaucoup d'ombre des arbres ou des édifices qui le dominent, car il est impossible d'y mettre une belle pelouse. Il vaut mieux couvrir en dur toutes les surfaces constamment piétinées, comme les voies d'accès à la maison ou le passage entre la porte arrière et la pelouse. Si l'entrée comporte un petit jardin ou une cour, on peut l'empierrer entièrement, en laissant des espaces pour les plantes. Quand une surface dallée mène à une pelouse, essayez de créer plusieurs passages à travers l'espace planté, de façon à ce que le bord de la pelouse ne s'use pas à force d'être toujours piétiné au même endroit.

Un dallage est particulièrement utile quand un

LES AIRES DU JARDIN

A GAUCHE *Un beau dallage combinant des matériaux de coloris et de textures variés — des dalles de marbre de plusieurs couleurs, des galets et des dalles de pierre — donne à cette cour une apparence méditerranéenne.*

CI-DESSOUS *Les surfaces nues et plantées sont habilement imbriquées dans ce jardin conçu selon un plan géométrique. La terrasse dallée et la pelouse entretenue avec soin sont équilibrées par les haies basses de buis taillées et les parterres abondamment fournis.*

parterre très fourni jouxte une pelouse bien entretenue. On ne peut pas tailler les plantes en fleurs pour obtenir une ligne bien droite, mais si cette situation perdure jusqu'à l'automne, elles risquent d'étouffer le bord de la pelouse. Une allée tracée entre les deux laisse un espace sur lequel les végétaux peuvent empiéter ; on peut également disposer des pavés le long de la pelouse pour créer une bordure de transition (voir page 85).

L'intégration des éléments en dur et plantés

Quand on s'interroge sur l'opportunité d'aménager des surfaces en dur ou plantées et sur leur importance réciproque, il faut d'abord tenir compte de la configuration d'ensemble, puis des questions de coût et d'entretien. Les espaces verts, comme les pelouses, sont les poumons du jardin. Il est très agréable de marcher dans l'herbe douce. Certains aspects pratiques exigent parfois de remplacer les

61

LES ÉLÉMENTS HORIZONTAUX

Cette terrasse fraîche et ombragée, revêtue de dalles de pierres irrégulières forme un cadre naturel très agréable pour un coin repas agrémenté par une abondance de chèvrefeuille, de glycine et de vigne qui grimpe sur les murs, les marches et les arbres. Dans un milieu ombragé, les dalles de pierre se couvrent vite d'algues, de lichen et de mousse ; en dépit de l'attrait esthétique, cela les rend glissantes quand il pleut et il faut donc les nettoyer régulièrement (voir page 104).

pelouses par des espaces en dur, mais même si l'on emploie la plus belle des vieilles pierres naturelles, elle ne procure pas la même sensation. Quand c'est faisable, il convient de laisser quelques plaques d'herbe ou de plantes couvre-sol pour adoucir le dallage.

Les parterres garnis de feuillages exubérants, d'herbacées et d'arbustes sont l'antidote des surfaces en dur, qui servent alors de faire-valoir. Un haut mur, une haie, une clôture, demandent à être équilibrés par un parterre de bonne taille, pour éviter d'avoir l'air mesquin et étriqué. Lorsque les circonstances obligent à créer de petits parterres, il faut chercher à les étoffer en y mettant des plantes à port étalé qui empiètent sur les espaces nus avoisinants. Pour échapper à la vision d'un parterre d'arbustes ridiculement large et presque vide au début, on peut attendre qu'ils aient grandi pour l'amplifier. Si un parterre d'arbustes est trop petit et ne peut pas être élargi de cette façon, il faudra les tailler sans pitié pour dégager les bords du parterre, car sinon ils risquent de dépasser l'espace restreint qui leur est alloué au détriment d'autres plantes, de bordures herbeuses et de sentiers.

Une surface recouverte de gravier peut être traitée de façon plus souple. Sur les bords, où le passage est moins intense, on peut mettre de petites plantes qui prospéreront dans un mélange de terre bien drainée (la liste de la page 76 comporte quelques suggestions) ; d'autres viendront s'y semer d'elles-mêmes. Un chemin de gravier a donc une apparence moins sévère que, par exemple, une allée de briques très serrées. Quand on revêt des sentiers de pierre ou de brique en harmonie avec les matériaux des murs, il est indispensable de rompre leur monotonie en laissant des plantes se lancer à l'assaut du mur et se faufiler à travers les dalles ; cela atténue leur aspect froidement angulaire.

Quand on compare le coût d'un dallage ou d'une couverture de graviers et celui d'une pelouse, de plantes couvre-sol ou de plantations mixtes, on réalise que, tout compte fait, les plantes ne représentent pas un gros investissement. En revanche, une allée ou une terrasse correctement pavées ne vous poseront aucun problème pendant plusieurs années, n'exigeant ni dépenses supplémentaires, ni réparations, ni déplacements. Le tableau de la page 66 indique les coûts comparés des divers types de matériaux utilisés.

Toute superficie plantée a besoin d'être entretenue. Les pelouses réclament des soins considérables, chaque semaine (voir page 84). Dans certains jardins modestes, en ville, il est parfois impensable de créer une pelouse, à cause de l'ombre des édifices environnants ou des hauts murs d'enceinte. Plutôt qu'une pelouse minuscule, il convient alors de mettre en place des surfaces de graviers ou de briques. Les massifs d'arbustes sont également assez exigeants au niveau de l'entretien, car il faut les tailler, les arroser et leur administrer de l'engrais ; certaines plantes ont tendance à devenir trop grandes pour leur position, alors que d'autres meurent et doivent être remplacées. Elles subissent aussi les conditions atmosphériques défavorables, nécessitant alors une protection contre la chaleur ou le froid.

Les divers matériaux de dallage

*Les briques étant un matériau universel, peuvent être disposées en cercle autour d'un élément central, comme c'est le cas ici. Pour éviter les anneaux étroits au centre du cercle, on a planté des saxifrages, du thym et de l'*Armeria maritima *dans une couverture d'éclats d'écorce. Les parterres environnants sont garnis d'orpins, de* Dianthus, *de* Rosa 'Zéphirine Drouhin', *de* Verbascum *et de* Chrysanthemum maximum.

Qu'il s'agisse d'une allée, d'une terrasse ou d'un accès carrossable, la nature et la taille du matériau employé dépendent largement de l'extension de l'espace considéré. En règle générale, une surface importante réclame un type de couverture uni et simple ; alors qu'une petite allée peut combiner des matériaux variés, de tailles diverses.

Il n'y a pas si longtemps, le choix était terriblement restreint : si l'on hésitait devant l'investissement représenté par les pierres naturelles ou les belles briques, on devait se rabattre sur les dalles de béton. Esthétiquement, ces dalles offrent un effet assez affligeant, à cause de leur couleur terne, de leur forme standardisée et des motifs monotones qu'elles créent. Mais les dallages artificiels ont fait d'immenses progrès et constituent désormais une alternative valable aux matériaux naturels.

Certaines des plus belles surfaces en dur résultent d'une combinaison de deux ou plusieurs matériaux compatibles concrètement et visuellement. Les briques ou les carrelages de brique se marient bien avec des dalles de pierres synthétiques ou naturelles. On s'en sert également en insertion, ou pour créer une série de panneaux que l'on peut remplir de graviers. Les pavés ronds, les pavés de granit et les briques bleues utilisés ensemble proposent une belle combinaison de formes, sans créer de contrastes de couleur audacieux. Les pierres naturelles taillées peuvent être bordées de galets polis, ce qui constitue une intéressante opposition de forme. Prenez toujours soin de ne pas surcharger un espace, car cela rebute le regard.

Les matériaux naturels

La pierre Bien que son achat et sa pose soient coûteux, elle reste une des formes de dallage les plus satisfaisantes : si elle est de provenance locale, elle s'harmonise avec les murs ou les dallages existants. Elle vieillit plus vite que les surfaces synthétiques et fait donc toujours bonne impression dans un jardin. Une vieille pierre de récupération possède déjà une patine et ne cesse de la parfaire. La pierre neuve semble souvent austère pendant les deux premières années, mais elle s'adoucit ensuite, en élaborant une mince pellicule occasionnée par la décoloration de la pierre et le lichen. La surface d'une vieille dalle de pierre bien patinée est de toute beauté. L'inconvénient est qu'en vieillissant, elle devient plus glissante par temps humide ; il faut donc choisir un autre matériau dans un endroit ombragé.

Un dallage de pierre régulier montre un fini bien net, qui convient à tous les cadres. Les dallages composés d'éléments irréguliers de tailles différentes présentent un aspect naturel offrant une surface inégale, sans lignes rigides et sans angles. Mais pour créer une surface plane, il faut accorder une extrême attention au jointoiement et au scellement. Ce type de structure se prête bien à une combinaison de dallage et de plantations : on laisse entre les pierres des intervalles que l'on remplit de bonne terre dans laquelle on peut

LES ÉLÉMENTS HORIZONTAUX

mettre de petites plantes. Ces dallages irréguliers demandent plus d'entretien car les petits fragments peuvent être soulevés ou brisés par l'humidité et le gel. Quand on met en place un dallage de pierres naturelles, en particulier un stock ancien ou de récupération, il faut positionner individuellement et sceller chaque élément avec une couche de mortier différente pour compenser les écarts de profondeur.

Les pavés Les pavés ronds et les pavés de granit sont des matériaux très agréables, qui savent animer une surface plane en accrochant la lumière et en créant des ombres. Mais ils sont coûteux et difficiles à poser. S'ils sont mis en place par une personne inexpérimentée, le ciment déborde souvent de partout et le résultat est inesthétique, mais s'ils sont correctement posés, bien serrés l'un contre l'autre, ils dessinent de jolis motifs géométriques. L'inconvénient des pavés, en particulier des pavés ronds, est qu'ils ne forment pas une surface lisse.

Les briques Les dallages de briques offrent de nombreuses possibilités et permettent de créer des allées et des terrasses très élégantes. Leur épaisseur régulière simplifie la pose, mais pour recouvrir la même superficie, il faut deux fois plus de temps avec des briques qu'avec des dalles. N'utilisez pas de briques poreuses ou mal cuites, car elles risquent de se briser au premier hiver rigoureux. Utilisez des briques industrielles bien cuites, qui résonnent distinctement quand on les heurte l'une contre l'autre. Les carrelages de brique, spécialement destinés à cet usage, ont une surface plus large et sont moins profonds : ils recouvrent donc plus rapidement une superficie et demandent une sous-couche plus mince.

Les briques existent en chamois, en brun, en crème, en bleu et en de nombreuses autres teintes. On les pose sur un lit de graviers couvert d'une couche de sable et de ciment, ou encore à sec sur un lit de sable. On peut les placer à plat, ou pour créer un motif plus recherché, obliquement. Quant à leur entretien, il faut juste rajouter parfois du sable entre les joints et nettoyer quand c'est nécessaire.

Les couvertures mouvantes Elles incluent le gravier, qui est le plus usité, les éclats d'écorce, les copeaux de bois et les galets. Elles forment des surfaces mobiles et une texture remarquable qui offre un excellent drainage. Elles constituent également une solution simple pour des zones présentant des problèmes particuliers ou de légers contrastes de niveau. Il faut prévoir une bordure pour les empêcher de se répandre.

Le gravier est économique, mais il crisse sous les pas et est peu confortable pour des espaces de détente comme les terrasses. On utilise un gravier fin pour les allées et une taille légèrement supérieure pour un chemin carrossable ou une cour (voir page 76). Les éclats d'écorce ou les copeaux de bois conviennent plus à un sentier qui traverse une plate-bande ou qui mène à une zone boisée. On peut utiliser les galets ronds pour orner certains angles d'une large étendue de gravier. Les semis de mauvaises herbes germent volontiers sur les surfaces mouvantes et il faut les ratisser, les sarcler, ou se servir d'un herbicide. Le gravier est moins facile à nettoyer que les dalles. Il convient de les renouveler chaque année en y ajoutant un peu de matériau frais (voir page 104).

Le bois On l'emploie pour créer un pas japonais à travers un parterre ou une zone boisée, sous forme de rondelles découpées dans un tronc, auxquelles on a laissé l'écorce. Ce sentier discret permet aux plantes de pousser autour des pas. Les rondelles de bois dur ont une certaine longévité, mais elles sont glissantes après une forte pluie.

On peut également employer des structures en lattes de bois, appelées caillebotis. Ces derniers présentent l'avantage considérable d'être légers, ce qui permet de les surélever et de les utiliser au-dessus d'une pièce d'eau ou pour ériger une plate-forme. Il faut faire attention dans une région humide, car ils sont glissants et peu sûrs quand ils sont mouillés. S'ils sont de bois tendre, il faut leur administrer chaque année un agent de conservation ou un revêtement étanche. Consultez toujours un architecte avant d'utiliser des caillebotis surélevés.

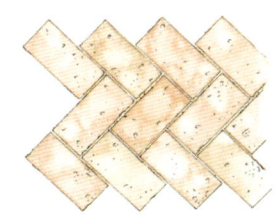

1

2

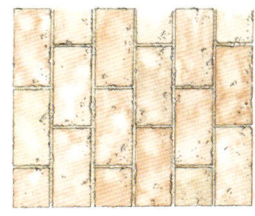

3

Un motif en arête de poisson ou en panier tressé confère un charme suranné, évoquant les jardins des cottages d'autrefois, alors qu'un appareillage continu introduit une sensation de mouvement dans le jardin.

CI-DESSUS A DROITE *Des matériaux naturels contrastés apportent une solution pratique dans ce coin de jardin. Les traverses de chemin de fer forment l'essentiel du dallage et des galets ronds placés autour du tronc de l'arbre lui permettent de croître en circonférence et aident ses racines à recevoir air et eau.*

LES DIVERS MATÉRIAUX DE DALLAGE

Les dallages synthétiques

On trouve maintenant des dalles offrant une vaste gamme de coloris subtils, présentant chacune une variation de couleurs. Leurs dimensions diverses, permettent de réaliser un motif irrégulier. Grâce à des moulages de dalles naturelles, on peut obtenir une apparence vieillie et une surface inégale.

On propose également des petits pavés de béton de taille régulière, semblables aux pavés de granit. De différentes teintes, on peut les employer pour compléter les dallages de pierre ou de brique. Les briques de pavement, qui présentent l'apparence de fines briques aux bords légèrement biseautés, offrent une fine texture. Des carreaux de ciment moulés encastrables donnent une surface homogène ne proposant que de légères variations de couleurs et de formes. Cette régularité peut être exploitée avec succès pour les allées carrossables. Le principal avantage des dallages artificiels est leur facilité de pose, due à leur épaisseur uniforme : on peut préparer des fondations à un niveau homogène.

Le macadam ou l'asphalte bien posés présentent une apparence extrêmement élégante et une surface lisse, bien régulière, assez neutre pour rester à l'arrière-plan. Ils sèchent bien et demandent peu d'entretien. Ils sont spécialement adaptés pour une allée carrossable, — en particulier sur une pente où l'on ne peut pas mettre de graviers — mais ont un peu tendance à banaliser l'espace : ils sont trop précis, trop impersonnels.

La juxtaposition d'éléments de tailles différentes crée un effet très intéressant. Des galets de rivière et des fragments assez réguliers d'ardoise sont disposés pour former des motifs autour de grandes dalles de pierre.

MATERIAUX DE DALLAGE (coûts gradués de 1 à 8)				
Matériau/type	Coût	Facilité de pose	Apparence	Aspect glissant/séchage
Dalles de béton	6	Rapide et simple	Variable, parfois acceptable, parfois non	Non glissants, sèchent rapidement
Dalles de pierre (taillées)	8	Travail lent et difficile, requiert de l'expérience	Très réussie, soignée ; formelle si nécessaire	Glissants, sèchent lentement
Dalles de pierre (irrégulières)	7	Travail lent et difficile, requiert de l'expérience	Agréable au niveau de la couleur et de la texture	Glissants sèchent lentement
Pavés	8	Travail lent, requiert de l'expérience	Très réussie, crée une riche texture et un rythme intéressant	Plus ou moins glissants selon leur forme ; sèchent lentement
Pavages de briques	5	Rapide et simple	Agréable, permet de créer des motifs	Non glissants, sèchent rapidement
Graviers/galets	2	Rapide et simple	Agréable, permet de créer une grande variété d'aspects	Non glissants, sèchent rapidement
Ecorce/copeaux de bois	1	Rapide et simple	Agréable, naturelle, douce	Non glissants, sèchent rapidement
Rondelles de bois	4	Simple	Très réussie dans un cadre informel	Glissants restent humides
Macadam	3	Requiert un spécialiste	Agréable, net et bien nivelé	Non glissants, sèchent rapidement

65

LES ÉLÉMENTS HORIZONTAUX

Préparer la mise en place d'un dallage

Tous les espaces dallés doivent être drainés et nivelés, avant d'être recouverts avec soin. Les matériaux de pavement sont résistants et donc la longévité effective d'un dallage repose sur une préparation minutieuse et une construction solide.

L'importance du drainage

Tous les problèmes de drainage et de nivellement doivent être résolus avant de commencer les fondations du dallage. L'emplacement choisi peut être plus humide que le terrain environnant. Par exemple, si la maison vient d'être construite, le sol peut avoir été fortement tassé, ce qui s'oppose au drainage. On ne s'en rend pas toujours compte immédiatement quand le sous-sol compacté a été recouvert d'une légère couche de terre arable bien aérée. On peut résoudre le problème en ameublissant le sol ; on le pioche à la main sur une petite superficie ou, pour un espace plus vaste, on fait appel à des véhicules de terrassement. La texture du sol s'améliore encore quand on laisse la terre ameublie respirer pendant quelques mois.

Une lourde terre argileuse saturée d'eau en hiver et au printemps appelle un système de drainage ou au moins des rigoles remplies de gravier pour évacuer l'eau. Les drains sont désormais des tuyaux de plastique cannelés perforés, très faciles à installer. On les pose parallèlement dans une tranchée en pente, entourés de graviers et recouverts de terre. Ils convergent vers un collecteur principal qui mène à un puisard (une fosse remplie de pierres ou un réservoir qui se vide ensuite en

Quand une allée traverse le jardin longitudinalement, un motif étiré aide le regard à percevoir son étendue. On a créé ici un effet de mosaïque à l'aide de galets de différentes couleurs ; elle est délimitée par une bordure de briques. L'impression linéaire est compensée par les arceaux garnis de rosiers (ici Rosa *'Alchymist' en fleurs) et les grandes haies.*

Des fondations pour un espace dallé

Il est indispensable que le dallage repose sur une base solide constituée d'une couche de blocaille mise en place après avoir enlevé la terre végétale. On installe un quadrillage de chevilles carrées enfoncées dans le sol jusqu'au niveau définitif, moins l'épaisseur du dallage et du matériau de scellement, pour disposer d'un guide précis. On détermine une dénivellation d'ensemble à l'aide d'un bloc de bois placé au-dessous du niveau à bulle placé à l'extrémité inférieure du dallage. On remplit le vide de blocaille.

Mise en place du niveau
On place un niveau à bulle sur un morceau de bois droit pour contrôler le niveau des chevilles placées à environ 2 m les unes des autres. On enlève par la suite la planchette de 2,5 cm d'épaisseur placée sous le niveau vers le bas de la pente.

LES DIVERS MATÉRIAUX DE DALLAGE

suivant l'écoulement naturel de l'eau) ou une canalisation d'évacuation des eaux.

Ensuite il faut établir le niveau du dallage. Sur une surface importante, comme une grande terrasse ou un petit jardin pavé mesurant plus de 10 mètres carrés, on utilise un niveau à lunette de géomètre et des alignements de mires (que l'on peut louer) pour déterminer le profil correct ; pour une surface plus petite, des chevilles de bois, une pièce de bois droite et un niveau à bulle suffisent (voir ci-dessous). On doit d'abord enlever la terre arable et la stocker à part ; tous les remodelages doivent s'effectuer au niveau du sous-sol.

En général on détermine une faible inclinaison pour le drainage — de 2,5 cm sur une distance de 2 m —, la pente s'écartant évidemment de la maison. Une surface dallée plus importante, comme une allée carrossable de plus de 30 mètres carrés, peut avoir besoin d'une pente supplémentaire pour permettre d'évacuer l'eau de la surface : dans ce cas on prévoit des rigoles en contre-bas, pour diriger l'eau vers un puisard ou une canalisation d'écoulement des eaux. Ces rigoles peuvent constituer un élément assez attrayant du dallage, si l'on emploie un matériau présentant une forme, une couleur ou une texture différente.

Ces précautions peuvent sembler excessives, mais sont nécessaires lors de périodes de pluie prolongées et exceptionnelles ; car un drainage inadéquat entraînerait des inondations dans le jardin et même dans la maison.

Une base bien stable

Si elles ne reposent pas sur une base solide, les dalles risquent par la suite de s'affaisser et de se fissurer, créant une surface inégale et dangereuse pleine d'anfractuosités ; ces dernières recueilleront l'eau de pluie et le gel causera des dommages ultérieurs. Toutes les surfaces creusées profondément et remblayées ont tendance à se tasser, en particulier quand on a installé des tuyaux de drainage et enlevé des racines d'arbres. Parfois, le tassement est dû à la présence d'un parterre de fleurs à l'intérieur d'une pelouse sur laquelle on dispose des pavements : celle-ci peut être relativement stable, mais après des années de culture et d'introduction de matière organique, le sous-sol du parterre peut s'être éventé : devenu léger et pelucheux, il est sujet à l'affaissement.

Lorsque le sous-sol a été bouleversé, on limite les risques d'affaissement en disposant une bonne épaisseur compacte de blocaille ou de mâchefer. Sur un site vierge, on remplace la terre arable par une couche de blocaille, recouverte d'une strate de gros gravier ; on comprime le tout à l'aide d'un rouleau compresseur à moteur, avant de mettre en place la sous-couche du dallage (voir ci-dessous).

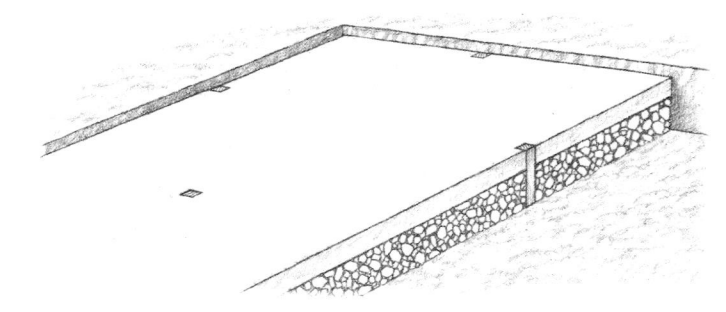

Mise en place de la base
On remplit ensuite tout l'espace de blocaille comprimée mécaniquement à l'aide d'un rouleau compresseur, puis recouverte d'un léger mélange de sable et de ciment. La base achevée sera au niveau du sommet des chevilles.

Scellement des dalles
On scelle les dalles sur des tampons de sable et de ciment. Quand toutes les dalles ont été délicatement tassées, elles trouvent rapidement et facilement leur position correcte.

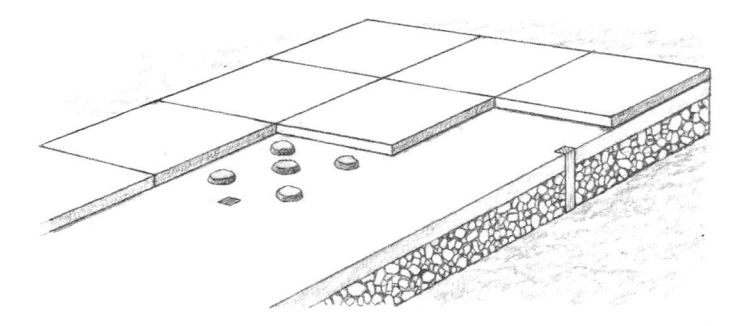

LES ÉLÉMENTS HORIZONTAUX

La pose des dallages

La méthode utilisée dépend des matériaux et de la destination du pavement. On ne traite pas de la même manière un espace destiné aux piétons, un passage devant être utilisé parfois par un tracteur et un dallage conçu pour y garer une voiture. Une aire dallée destinée uniquement aux piétons peut être posée simplement sur une couche de sable ou un mélange à sec de sable et de ciment recouvrant la base de blocaille et de gravier sableux. Quand de lourds véhicules doivent l'emprunter, un léger mélange à sec de sable et de ciment se révèle nécessaire. Une aire de garage peut reposer sur une fondation de béton disposée au-dessus de la couche de blocaille, sous la strate de scellement de sable et de ciment. Mais quand on se sert de briques pour réaliser une allée carrossable, on peut simplement les insérer dans une sous-couche de sable, pour obtenir une surface légèrement plus souple.

Eléments de dallage de petite dimension On peut poser les briques et les pavés sur une couche de sable, bien encadrés par une bordure de briques. Ce type de pose est rapide. On pose les briques bien serrées les unes contre les autres puis on verse du sable sec pour combler les interstices et les tenir en place. Avec le temps, les joints deviennent plus foncés, faisant ainsi ressortir les différents éléments du motif d'ensemble (si vous utilisez un puissant aspirateur de jardin, prenez garde à ne pas enlever le sable en été, quand il est bien sec). Si des éléments tels que des plaques de regards du système de drainage se trouvent au centre d'une aire dallée, on peut les dissimuler à l'aide d'un panneau de carreaux scellés au sable. Sur une cour ou une allée carrossable fréquentée par des véhicules, on scelle les pavés dans un mélange humide de mortier léger et on les fixe solidement avant d'utiliser un mélange plus résistant de mortier à sec pour remplir les intervalles. Comme ils restent bien fermement en place, on peut les disposer pour créer des motifs ou les assembler en carrés réguliers. S'ils sont bien posés, ils offriront pendant longtemps une surface de qualité.

Les dalles de béton Elles sont simples à poser. On étale une couche de sable sec et de ciment au-dessus d'une solide base de blocaille. Avant de positionner chaque dalle, on ajoute de petits tas de sable et de ciment mélangés, à peu près à l'emplacement des angles et du centre de la dalle ; ils permettent de l'ajuster de façon plus précise. Etant donné que ces dalles synthétiques sont toutes de la même épaisseur, on finit par obtenir une surface bien régulière. Dans la mesure du possible, on alterne les joints, comme ceux des assises régulières d'un mur (voir page 34) ; on peut utiliser une latte de bois 'd'espacement' pour que chaque dalle soit légèrement séparée de ses voisines. Quand elles sont en place, on introduit le même mélange de sable et de ciment entre les joints ; l'humidité naturelle du sol, de la rosée ou de la pluie finit par faire prendre le mortier.

Les dalles de vraie pierre Il faut plus de temps pour les poser, parce qu'elles n'ont le plus souvent qu'une seule surface plate et qu'elles sont d'épaisseur variable. On se base sur les pierres les plus grosses pour déterminer la couche de mortier ; on taille les autres dalles pour les ajuster et on les scelle à la hauteur appropriée en mettant plus de mortier. Toutes les pierres doivent être carrées ou rectangulaires, avec quatre angles complets : en ce qui me concerne, je n'apprécie pas la pratique de tailler le coin d'une dalle pour l'ajuster avec une autre. Les joints doivent être bien visibles. Avec la pierre naturelle, je préfère jointoyer uniquement au sable. Les pierres irrégulières posent le même problème d'épaisseur inégale, associé à celui de la forme asymétrique et cela prend encore plus de temps pour les poser. On peut les déplacer pour réussir à les ajuster de façon satisfaisante ; elles demandent un jointoiement plus hermétique que les dalles régulières, avec moins de mortier apparent, ce qui leur confère un meilleur aspect.

Les pas japonais Pour disposer des pierres sur une pelouse, on creuse un trou deux fois plus profond qu'elles. Après avoir à demi rempli les trous de gros sable, on peut les mettre en place. Comme tous les éléments en dur placés sur ou à

Acaena 'Blue Haze'
Acaena *'Blue Haze'* se caractérise par une délicate couverture gris-bleu de feuilles pennées et dentelées. De petites fleurs rondes et des capsules de graines parsèment la surface de la plante pendant l'été. Les acaenas sont originaires d'Amérique du Sud, du Mexique et de Nouvelle-Zélande. Elles sont extrêmement efficaces pour combler les vides entre un parterre et des graviers ou pour remplir un motif bordé de petites haies de buis.

LES DIVERS MATÉRIAUX DE DALLAGE

côté d'une pelouse, leur niveau définitif devrait se trouver juste en-dessous de celui du gazon, pour permettre le passage de la tondeuse. Les pas japonais ou les rondelles de bois disposés à travers un parterre doivent également reposer sur un lit de gros sable, bien que l'on puisse également les poser simplement à la surface du sol, car ce ne serait pas très grave s'ils s'enfonçaient un peu. Assurez-vous que l'espacement des pierres permet de faire des enjambées raisonnables.

Les surfaces mouvantes Pour recouvrir une aire de graviers, de copeaux de bois ou d'éclats d'écorce, il faut prévoir des fondations résistantes si l'on ne veut pas que ces matériaux disparaissent très rapidement dans le sol. On comprime des pierres concassées avec une couche de blocaille, puis on tasse par dessus une fine couche de liaison de gros sable. Il faut prévoir une bordure constituée de traverses de bois, de briques, de tuiles, ou d'éléments prémoulés de ciment, pour maintenir en place cette surface mouvante. Ces bordures doivent être positionnées directement sur la blocaille et mises en place avant d'ajouter les pierres concassées et le sable. Une lisière de gravier disposée sur le pourtour d'une pelouse doit se trouver au-dessous de la pelouse, pour éviter que le gravier ne se répande.

Les jointoiements L'aspect d'un espace en dur est beaucoup plus élégant si l'on peut nettement distinguer ses divers éléments. Pour ce faire, on évide légèrement les joints. On obtient ainsi une surface plus rythmée, qui engendre des ombres. Le meilleur moyen est de remplir les joints jusqu'en haut puis, le lendemain, alors qu'ils sont encore humides, de les brosser ou de les marquer avec une truelle. On évide moins profondément les joints des surfaces pavées irrégulières, de façon à protéger les angles de pierre inégaux, plus vulnérables. On nettoie de temps en temps les matériaux qui sont simplement jointoyés avec du sable en utilisant un herbicide ou un couteau pour les débarrasser des mauvaises herbes, mais un filet de mousse courant entre eux les met en valeur.

CI-DESSUS *La rigide géométrie des dalles rectangulaires est rompue par des lignes de petites briques. Les deux éléments sont simplement scellés dans du sable, qui garnit également leurs joints. Une couverture de galets de rivière à l'angle d'un parterre adoucit le rebord sévère du dallage.*

A GAUCHE *Ce motif réalisé à l'aide de petits pavés de granit, recoupé par des carreaux de brique bleue offre une belle surface de couleur uniforme. Les joints bien évidés font ressortir les différents éléments.*

Mettre en valeur des espaces dallés

Une terrasse ombragée à la fin de l'hiver

Une terrasse très agréable en été peut devenir morne en hiver : les vivaces herbacées meurent, on enlève les pots des plantes saisonnières en même temps que les tables et les chaises et la scène reste vide. Mais un dallage animé peut lui donner de l'attrait en toute saison et un choix judicieux de plantes lui fournir une combinaison intéressante de formes, de couleurs, de feuillages et de fleurs tout au long de l'année. L'emploi de persistants, qu'il s'agisse d'arbustes poussant librement, comme *Daphne* et *Euonymus* ou taillés comme le buis l'agrémentent en hiver de formes variées. Des pots garnis d'espèces dotées de beaux feuillages comme *Helleborus foetidus* et *Valeriana phu* 'Aurea' étoffent le décor de la terrasse et peuvent ensuite l'égayer de couleur quand on les combine avec des plantes saisonnières de printemps et des bulbes.

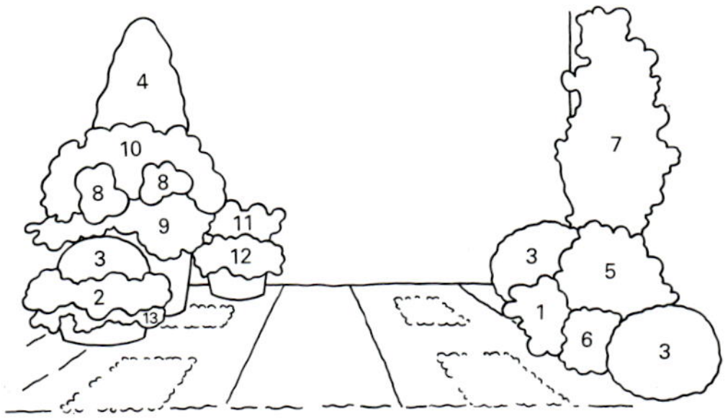

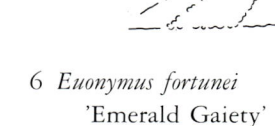

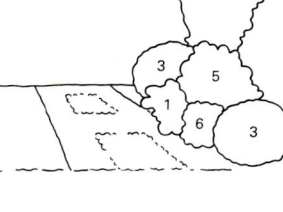

1 *Bergenia cordifolia*
2 *Brassica oleracea* (chou d'ornement)
3 *Buxus sempervirens* 'Suffruticosa'
4 *Buxus sempervirens* 'Elegantissima'
5 *Daphne odora* 'Aureo-marginata'
6 *Euonymus fortunei* 'Emerald Gaiety'
7 *Garrya elliptica*
8 *Hebe buxifolia*
9 *Hedera helix*
10 *Helleborus foetidus*
11 *Narcissus* 'Tête-à-Tête'
12 *Valeriana phu* 'Aurea'
13 *Vinca minor* 'Variegata'

Un espace de gravier ensoleillé en milieu d'été

Une vaste étendue de gravier bordée de massifs de fleurs permet de laisser les fleurs s'y propager librement. Un site bien drainé dans un angle chaud et abrité sera en mesure d'accueillir des espèces aux feuillages argentés, dont certaines risquent d'être moins rustiques dans d'autres points du jardin. Les bisannuelles à reproduction spontanée ou plantées — les chardons-aux-ânes (*Onopordum acanthium*) et les molènes (*Verbascum olympicum*) — sont spectaculaires, alors que *Salvia sclarea turkestanica* se répand en vagues, avec ses teintes pastel mauve et rose. Les tons verts et bleutés d'*Euphorbia characias wulfenii* et de *Romneya coulteri* se fondent et mettent en valeur les fleurs de *Linaria purpurea* 'Canon Went' et de *Cistus* 'Silver Pink'. Les longues bractées de la lavande (*Lavandula stoechas pedunculata*) ressortent magnifiquement sur les feuilles filigranées d'*Artemisia* 'Powis Castle', d'*Acaena* 'Blue Haze', d'*Eryngium giganteum*, de *Thymus serpyllum* et d'*Erigeron karvinskianus* ; tous apprécient la chaleur et l'excellent drainage offerts par le gravier.

1 *Acaena* 'Blue Haze'
2 *Artemisia* 'Powis Castle'
3 *Cistus* 'Silver Pink'
4 *Erigeron karvinskianus*
5 *Eryngium giganteum*
6 *Euphorbia characias wulfenii*
7 *Hebe* 'Red Edge'
8 *Lavandula stoechas pedunculata*
9 *Linaria purpurea* 'Canon Went'
10 *Onopordum acanthium*
11 *Romneya coulteri*
12 *Salvia sclarea turkestanica*
13 *Thymus serpyllum*
14 *Verbascum olympicum*

LES ÉLÉMENTS HORIZONTAUX

Terrasses et espaces dallés

Une terrasse bien implantée donne à la maison une pièce de plus pour manger dehors ou passer la soirée avec des amis en été. Il est nécessaire de la construire en dur, car vers le soir une pelouse devient humide, même au milieu de l'été. L'endroit idéal est un angle ensoleillé du jardin, épaulé par la maison et par un haut mur, mais il faut parfois la placer loin de la maison pour profiter du soleil et d'un microclimat plus favorable.

La terrasse, étant faite pour y séjourner, doit être soigneusement couverte de grandes dalles de vraie pierre ou de béton, de carreaux ou de briques posés avec soin. Les pavés de granit, le gravier ou, pire encore, les galets, sont à proscrire absolument : ils sont malcommodes pour les pieds comme pour les chaises et les tables. Un muret construit autour de la terrasse et couronné de pierres plates permet de s'asseoir sur le pourtour et lui donne en même temps l'allure d'un espace clos. Quand la terrasse s'étend en haut d'un terrain en pente, il faut édifier un mur. Si le changement de niveau est très faible, un talus de terre suffit largement, sinon il faut prévoir un mur de soutènement pour retenir le sol (voir page 86). Dans ce cas, une large volée de marches permet de faire communiquer les divers espaces.

L'art d'intégrer une terrasse

Quand une terrasse est éloignée de la maison, on doit faire un effort supplémentaire pour la fondre dans l'univers végétal du jardin. S'il est possible de l'implanter contre un mur d'enceinte ou une clôture, cela lui confère une certaine stabilité et elle semble moins isolée. Une pergola fournissant de l'ombre et revêtue de plantes, renforce cette impression de stabilité et contribue également à l'intégrer dans son environnement végétal.

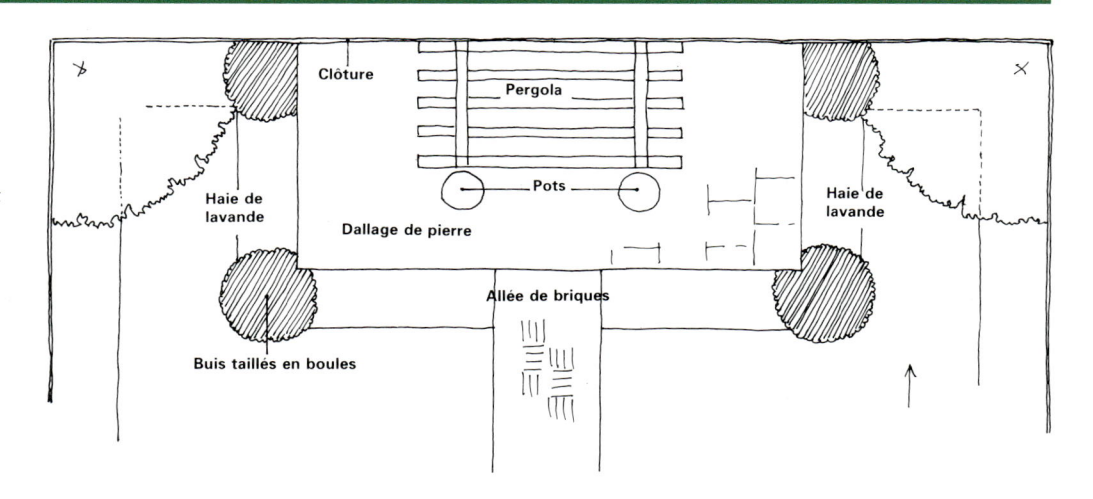

TERRASSES ET ESPACES DALLÉS

A GAUCHE *Cette terrasse carrée a été située à l'endroit le plus ensoleillé. Elle profite de l'effet adoucissant des plantes qui l'entourent pour s'intégrer au jardin. Les carreaux colorés de ciment, de la taille d'une brique, forment une surface lisse commode et dessinent un motif agréable et simple. Les yuccas panachés enrichissent de leur forme élégante une composition de plantes basses :* millepertuis, hélianthèmes, Alyssum saxatile *et* bruyère (Erica).

Implanter une terrasse

Tous les jardins ne possèdent pas un emplacement idéal derrière la maison, qui soit à la fois chaud et ensoleillé, intime et abrité des vents ; certains reçoivent peu de soleil à cet endroit, quelle que soit l'heure ou la période de l'année. Dans ce cas, il faut construire la terrasse de l'autre côté de l'habitation, pour bénéficier du soleil. Son implantation dépend largement de la taille et du relief du jardin, mais en général, plus elle est éloignée de la maison, plus elle reçoit le soleil tôt dans l'année.

Cette terrasse doit toujours s'intégrer parfaitement dans la structure d'ensemble du jardin. S'il n'est pas possible de la placer contre un mur d'enceinte, une clôture ou une haie, on peut la créer à mi-chemin du fond du jardin, éventuellement en l'insérant dans un plan compartimenté. Si une terrasse se situe au centre d'un jardin à structure plus ouverte, son besoin d'intégration est encore plus fort. On peut alors utiliser une structure faite de montants de bois verticaux et de traverses formant une pergola dispensatrice d'ombre ; elle ancrera la terrasse, qui autrement pourrait avoir l'air à la dérive sur un océan de pelouses et de végétation. Une allée en dur menant de la maison à la terrasse offrira une surface commode et sèche à emprunter pour apporter à boire ou à manger, même quand il ne fait pas bien clair. Si l'on utilise partout des matériaux complémentaires, cela constituera un autre lien visuel avec la maison (voir ci-contre à gauche).

Les briques disposées pour former un beau motif de panier tressé évoquent celles des murs, de même que les ornements et les nombreux pots de terre cuite contenant des buis taillés et des palmiers. Le bassin circulaire rempli de nénuphars et entouré d'une bordure bien nette de lierre, vient briser la monotonie de la vaste superficie de briques.

LES ÉLÉMENTS HORIZONTAUX

PLANTES
ODORIFÉRANTES
POUR UNE AIRE DE
REPOS

Fleurs odoriférantes
Chimonanthus praecox
   (chimonanthe)
Clematis armandii
Cytisus battandieri
Daphne odora
Dianthus caryophyllus
Hesperis matronalis
Humea elegans
Lonicera periclymenum
   (chèvrefeuille des bois)
Myrtus communis (myrte)
Nicotiana affinis
Philadelphus coronarius
Rosa 'Ena Harkness'
Sarcococca confusa
Viburnum carlesii 'Diana'
Wisteria sinensis

Feuilles aromatiques
Artemisia camphorata
Caryopteris x clandonensis
Choisya ternata (oranger du
   Mexique)
Eucalyptus camphora
Laurus nobilis (laurier-sauce)
Lavandula angustifolia
Myrrhis odorata
Nepeta camphorata
Populus balsamifera
Rosa eglanteria
Rosmarinus officinalis
   (romarin)
Ruta graveolens (rue)
Salvia officinalis (sauge)
Tanacetum vulgare (tanaisie)

Un motif concentrique de briques de couleur claire est interrompu par des lignes de pavés de granit, qui constituent également la bordure surélevée de cet espace dallé. Un groupe de vases décoratifs rompt son uniformité. Au début de l'été, ils sont garnis de Primula auricula *vivement colorées, de pâles* Lewisia tweedyi *et de splendides lis (*Lilium *'Côte d'Azur'). Les massifs bordés de buis complètent élégamment le pavement.*

Les dimensions idéales d'une terrasse

On ne peut guère déterminer la taille idéale d'une terrasse, d'autant que son exigence essentielle est de s'harmoniser avec son environnement. En général, on lui consacre l'espace le plus vaste possible, en prenant également en compte le coût des matériaux. Elle ne doit pas sembler disproportionnée par rapport au jardin et à la maison. Mais il faut dire qu'une terrasse est rarement trop grande : la surface est toujours grignotée par les tables et les chaises de jardin, par les groupes de vases et par toutes les plantations environnantes qui empiètent sur elle et adoucissent ses bords, réduisant d'autant sa masse.

Il est très agréable de disposer d'une terrasse assez spacieuse pour pouvoir y loger des sièges permanents et temporaires. Un banc de pierre, de métal ou de bois dur qui reste dehors toute l'année peut servir dès les premiers beaux jours, ou en automne, quand le mobilier de jardin d'été a déjà été remisé. On peut également y laisser une table capable de résister aux intempéries, où l'on peut disposer de petits pots de plantes à floraison hivernale et de bulbes ; on les verra même de la maison. Si vous possédez des meubles de jardin, il convient parfois d'installer la table et les chaises sur un côté de la terrasse, pour disposer de plus de place pour circuler. L'idéal serait que les dimensions de la terrasse soient identiques à celles de votre salle à manger, pour que le même nombre de personnes puisse s'y asseoir à table.

Au cœur de l'été, une terrasse en plein soleil adossée à un haut mur est parfois un endroit trop chaud pour s'y asseoir l'après-midi. Il faut prévoir une source d'ombre : arbres plantés assez proches, pergola habillée de végétaux...

Les allées

Un arc s'ouvrant dans une haie (x Cupressocyparis leylandii) encadre une allée étroite ornée d'un motif rythmique de briques et de dalles de pierre. L'allée borde la pelouse et se laisse largement envahir par les plantes du parterre situé de l'autre côté.

Les allées servent à unir les différentes parties du jardin, tout en étant esthétiques. Pour cela leur tracé doit être justifié. On cherche en général à les mettre en valeur, en dirigeant l'œil vers un détail particulier situé à leur extrémité ou en implantant des éléments symétriques sur leurs côtés. Même un arbuste au feuillage joliment panaché ou un tronc d'arbre doté d'une belle couleur peuvent faire fonction de point de mire pour attirer le regard au fond d'un sentier.

Les allées peuvent simplement emprunter une ligne droite entre deux points du jardin ou suivre un cheminement plus sinueux. Les sentiers onduleux conviennent particulièrement aux espaces plantés de façon informelle. Quelques courbes simples et généreuses, dont chacune se fond dans la suivante, sont toujours préférables à un tracé qui se tortille en tous sens. Quand le terrain présente une ondulation naturelle, l'allée doit suivre ce profil et susciter l'intérêt en le contournant ou en l'escaladant au lieu d'inciser brutalement ses lignes douces. Les allées indirectes conduisent souvent à tracer des raccourcis ; on trouve alors de l'herbe écrasée ou des parterres piétinés. On peut pallier assez facilement à ce genre d'inconvénient en plantant des arbustes arrondis ou épineux.

Quelques considérations pratiques

La largeur d'une allée dépend essentiellement de sa fonction. Dans un grand jardin impossible à entretenir sans engins mécaniques, il faut prévoir un chemin en dur, susceptible d'être utilisé par tous les temps et assez large pour permettre le passage d'un tracteur de jardin et d'une remorque — ce qui correspond à une largeur idéale d'au moins 1,8 m. Les allées principales qui ne sont pas destinées aux véhicules doivent en principe être assez larges pour permettre à deux personnes d'y marcher côte à côte et donc mesurer au moins 1,2 m de large. Les sentiers d'un petit jardin ou les allées secondaires peuvent être plus étroits et avoir environ 70 cm de large. Une allée qui longe un parterre doit être assez large pour que les piétons puissent y passer confortablement et que les plantes aient éventuellement la faculté de s'y répandre. Si l'on base la largeur d'une allée joignant la terrasse à la maison sur celle de la porte, cela contribue à unifier l'ensemble.

Dans une certaine mesure, les dimensions des allées dictent la taille des éléments de dallage employés. Pour un chemin long et large on préfère des matériaux de grande taille — mais pas plus de deux types de composants sur la largeur —, ou une combinaison de grands et de petits éléments, pour créer un motif répétitif. Un chemin large dallé de petits matériaux risque de paraître trop

75

LES ÉLÉMENTS HORIZONTAUX

affecté et trop orné, et ne donne pas une impression de force. En revanche une allée étroite peut comporter des éléments plus fins pour créer un très bel effet.

Les allées constituent un premier-plan idéal pour un massif d'herbacées ou d'annuelles. On peut laisser les plantes installées en lisière prendre de l'ampleur et empiéter sur l'allée, ce qui tempère le profil rigide du parterre et produit un très bel effet. Un étroit sentier peut jouer le rôle d'une bordure de transition commode entre un parterre et une pelouse, (voir page 85).

Les meilleurs matériaux

Les allées revêtues de dalles de pierre offrent une grande stabilité, inégalée par les autres surfaces. Les allées recouvertes de brique permettent de créer des motifs décoratifs ou de suivre simplement un schéma régulier, selon la façon de les disposer (voir page 64). Les briques peuvent orienter le regard le long d'un étroit sentier rectiligne ou accentuer une courbe. Leur petite dimension convient aux allées étroites et aux motifs intriqués. Etant naturellement poreuses, elles se patinent vite et prennent rapidement un agréable aspect velouté.

Une allée de graviers constitue une surface commode par tous les temps. Mais le type de gravier utilisé influe beaucoup sur l'aspect du chemin, sa mobilité et sa longévité. Les graviers ou les galets ronds sont presque cylindriques, à peu près de la taille d'un petit pois et d'une couleur crème très pâle, ce qui les rend élégants. Mais ils sont très mobiles, à cause de leur forme arrondie ; et par temps sec, ils ont terriblement tendance à se pulvériser car ils sont de nature relativement tendre ; la poussière adhère aux chaussures et se dépose dans la maison. Le silex concassé constitue un gravier plus adapté pour les allées carrossables ou non, car c'est une pierre très dure. Sa couleur, un mélange de bruns, de beiges, de sable et de crème, est très agréable et très variée. Sa forme est absolument irrégulière, il est donc moins mobile et se stabilise bien s'il est tassé sur une base de gros sable. Il est indispensable d'utiliser le strict nécessaire de matériaux mouvants. Avec du gravier fin, l'épaisseur ne doit pas dépasser 2 à 3,5 cm. Si elle est supérieure, on avance péniblement sur les graviers, un peu comme sur une plage de galets ; on risque de les projeter en marchant et d'en répandre dans tout le jardin.

Les chemins herbeux constituent une alternative plaisante aux surfaces en dur et s'harmonisent particulièrement avec les parterres de fleurs. On ne doit pas y circuler de façon trop intensive sous peine de les voir donner rapidement des signes d'usure. Pourtant, pour servir de faire valoir à un

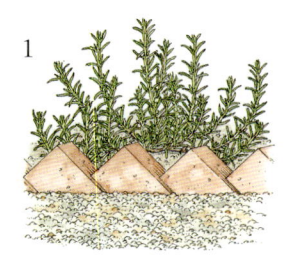

1. Briques placées obliquement et scellées sur leur partie inférieure
2. Tuiles d'argile cordées
3. Rondins de bois rustiques coupés en deux

Mettre en place une allée de graviers

Une allée de graviers doit être bien drainée et retenue par une bordure, pour éviter que les fins matériaux ne se répandent à travers parterres et pelouses. On met en place une base de blocaille, sur une épaisseur de 15 à 20 cm (voir page 66). Il est indispensable de disposer une sous-couche consolidée de gravier sableux sous les graviers pour empêcher la blocaille grossière de remonter à la surface. On scelle la bordure de tuiles, de pierre ou de bois dans une fondation de béton plus large que l'allée avant qu'elle ne sèche.

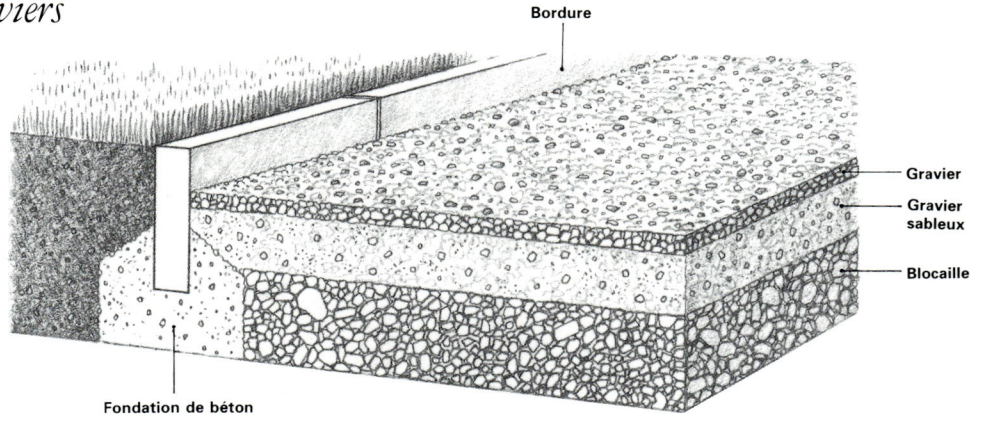

LES ALLÉES

A GAUCHE *Un angle du jardin peu commode d'accès est délimité par la courbe généreuse d'une allée de pavés de granit. Le profond massif est garni d'arbustes ornementaux, choisis pour leurs feuillages ou pour leurs fleurs : rosiers, Elaeagnus* 'Gilt Edge', *Cistus, Carpenteria californica, Brachyglottis* (syn. *Senecio*) *greyi et Viburnum.*

CI-DESSOUS *Des sections de tronc ou rondelles, encore revêtus d'écorce, constituent une allée harmonieuse à travers un espace planté ombragé.*

PLANTES BASSES APPROPRIÉES AUX DALLAGES
Acaena 'Blue Haze'
Chamomile nobile 'Treneague'
Raoulia australis
Sagina subulata
Sedum acre
Soleirolia soleirolii
Thymus serpyllum

PLANTES À REPRODUCTION SPONTANÉE POUR DALLAGES
Centranthus ruber
Erigeron karvinskianus
Eryngium giganteum
Oenothera biennis
Onopordum acanthium
Salvia sclarea turkestanica
Sisyrinchium striatum
Verbascum olympicum

parterre bien ordonnancé, rien ne vaut une allée herbeuse. Pour faciliter le passage de la tondeuse, évitez les formes peu pratiques et les coins ; déterminez la largeur de l'allée par rapport à des multiples de la taille de la tondeuse : des bandes entières ont toujours meilleure allure que de curieuses demi-stries.

L'investissement de départ est très faible, mais cela nécessite beaucoup d'entretien : il faut les tondre chaque semaine en été et tailler leurs bords avec soin, à moins de les pourvoir de bordures de pierre qui permettent le passage de la tondeuse. On peut augmenter leur longévité grâce à un mélange vigoureux de semis de gazon. Il peut comprendre du ray-grass : c'est un type d'herbe particulièrement résistante (elle admet la pratique du football), mais sa croissance rapide est un inconvénient car elle exige d'être tondue fréquemment. Un mélange comportant quatre parts de pâturin, trois de fétuque, deux de fétuque rouge rampant et une d'agrostis brun offre une robustesse supérieure, tout en poussant de façon moins excessive.

Des allées bordées de plantes

Une allées de briques ombragée au début de l'été

Cette allée serpente sous les arbres, bordée d'espèces appréciant l'ombre. Les plantes exubérantes franchissent ses limites. De beaux feuillages et des herbacées en fleurs se combinent pour créer un charmant patchwork de formes et de coloris. Les fleurs des euphorbes répondent au vert frais des fougères rustiques. Le long de l'allée, du muguet, une élégante petite *Hosta* 'Mrs Field Fisher' et un *Geranium renardii*, offrent une couverture basse. *Cimicifuga racemosa* apporte une note verticale alors que *Smilacina racemosa* et *Polygonatum x hybrida* étoffent le massif.

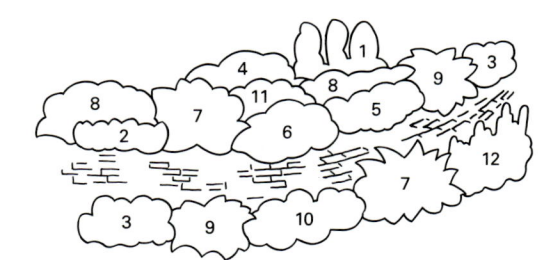

1 *Cimicifuga racemosa*
2 *Convallaria majalis*
3 *Euphorbia amygdaloides robbiae*
4 *Euphorbia palustris*
5 *Geranium renardii*
6 *Hosta* 'Mrs Field Fisher'
7 *Matteuccia struthiopteris*
8 *Polygonatum x hybrida*
9 *Polystichum setiferum*
10 *Pulmonaria angustifolia*
11 *Smilacina racemosa*
12 *Tiarella cordifolia*

Une allée dallée de pierre ensoleillée au début de l'été

Cette allée de dalles de pierre patinées est bordée d'un parterre coloré où les tons sourds du pourpre et du mauve se fondent harmonieusement. Les coloris plombés d'*Erysimum* 'Bowles' Mauve' et de *Salvia officinalis* 'Purpurascens' créent l'arrière-plan idéal pour les fleurs de *Campanula*, d'*Allium* et de *Papaver orientale* 'Mrs Marrow's Plum' qui les surmontent. Des groupes d'*Atriplex hortensis*, de *Weigela florida*, de *Fuchsia magellanica* et d'*Hebe* 'Mrs Winder' contribuent à renforcer le thème pourpre, ainsi que *Penstemon* 'Raven' aux fleurs d'un pourpre profond et *Sedum* 'Ruby Glow'.

Une allée de pavés de granit ensoleillée au début de l'été

En plantant des espèces discrètes mais dotées d'une texture intéressante, on peut atténuer la sévérité des pavés gris. *Santolina chamaecyparissus* et *Ruta graveolens* forment des buissons aux beaux feuillages dorés. *Sedum spectabile* 'Autumn Joy' produit des feuilles charnues vert pâle et fleurit finalement à la fin de la saison. *Viola cornuta* bleu pâle rampe et se faufile entre les bordures de lavande et les fleurs tubulaires de *Nepeta nervosa*. Les grands *Allium aflatunense* dressent leur jolie forme colorée au-dessus des plantes voisines, *Artemisia arborescens* et *Perovskia* fournissent un arrière-plan efficace. *Melianthus major* et *Acanthus spinosus* apportent l'une et l'autre la contribution de leurs élégants feuillages.

1 *Acanthus spinosus*
2 *Allium aflatunense*
3 *Artemisia arborescens*
4 *Lavandula angustifolia* 'Munstead'
5 *Melianthus major*
6 *Nepeta nervosa*
7 *Perovskia* 'Blue Spire'
8 *Rosa* 'Ballerina'
9 *Ruta graveolens* 'Jackman's Blue'
10 *Santolina chamaecyparissus*
11 *Sedum spectabile* 'Autumn Joy'
12 *Stachys byzantina* 'Sheila McQueen'
13 *Viola cornuta*

1 *Allium aflatunense* 'Purple Sensation'
2 *Atriplex hortensis*
3 *Campanula latibola* 'Hidcote Amethyst'
4 *Cistus purpureus*
5 *Erysimum* 'Bowles' Mauve'
6 *Fuchsia mageltanica* 'Versicolor'
7 *Hebe* 'Mrs Winder'
8 *Lavandula stoechas*
9 *Papaver orientale* 'Mrs Marrow's Plum'
10 *Penstemon* 'Raven'
11 *Salvia officinalis* 'Purpurascens'
12 *Sedum maximum* 'Atropurpureum'
13 *Viola labradorica*
14 *Weigela florida* 'Foliis Purpureis'

LES ÉLÉMENTS HORIZONTAUX

Les allées carrossables et les accès

Les lignes rigides de cet accès recouvert de graviers sont adoucies par des plantations abondantes qui tendent à dissimuler le rôle fonctionnel de l'allée et à masquer le jardin tout en laissant entrevoir la maison. Le bord du chemin disparaît sous une masse abondante d'Alchemilla mollis, qui se répand sur le gravier, soutenue par les hauts épis jaune vif de Lysimachia punctata.

En empruntant l'accès principal et l'allée carrossable, on ressent d'emblée une impression d'ensemble du jardin que peut suggérer la recherche des détails. Il est donc important de leur accorder le plus grand soin, quitte à leur conférer une apparence plus ouverte, moins intime. Pour concevoir votre entrée, essayez donc de la considérer en vous mettant à la place du visiteur qui vient pour la première fois.

La voiture est en général l'élément de référence d'une allée carrossable, ce qui entraîne un certain nombre d'impératifs. Sa largeur doit être suffisante pour offrir un accès facile, et sa surface être assez stable pour supporter le poids du véhicule et le frottement des pneus par tous les temps. L'idéal serait de pouvoir faire demi-tour, en prévoyant un large cercle, une aire offrant la possibilité de braquer, ou une allée carrossable permettant de sortir par un autre portail. Mais l'accès de la maison ne doit pas être entièrement subordonné à la voiture...

Il est difficile de déterminer l'espace théorique qui doit être alloué à un accès carrossable, chaque cas étant différent au niveau de la taille et de la disposition. Sa dimension doit correspondre au format et au nombre de voitures utilisées par la famille. Pour avoir une idée, une voiture moyenne mesure 4 m de long sur 1,5 m de large et a besoin d'un espace de manœuvre d'au moins 12 m de diamètre. Une large esplanade située devant la maison peut se révéler très utile, mais risque facilement d'évoquer un parking public. Pour limiter l'impact visuel d'une vaste extension de terrain en dur, il faut avoir recours aux matériaux de dallage. Une grande étendue de couleur et de texture uniforme semble incomparablement plus ample et plus sévère qu'une surface irrégulière. Une superficie de macadam ou de béton est très robuste et facile à entretenir, mais d'un charme visuel extrêmement limité, alors qu'une aire recouverte de graviers, de pavés de granit ou de carreaux de brique contribue à atténuer l'effet visuel de l'espace, en le transformant en une composition vivante et en un lieu plus intime.

L'usage des plantes

On peut atténuer l'effet d'ensemble d'un large accès carrossable en plantant des arbustes touffus sur ses bords ou en créant un îlot de verdure en son centre. Mais dans quelles limites peut-on mordre sur l'espace en dur en restant sûr de pouvoir continuer à manœuvrer facilement, même par temps sombre et humide ? Pour s'en rendre compte, il suffit de placer des obstacles mobiles — bûches de bois, pots de plastique remplis de terre ou briques posées verticalement — pour matérialiser les modifications envisagées. L'idéal serait de les laisser en place pendant plusieurs semaines, pour pouvoir bien apprécier l'espace ainsi créé, en remaniant chaque tracé aux endroits où vous heurtez régulièrement les objets posés, jusqu'à ce que vous ayez trouvé la solution la plus satisfaisante.

Un îlot de verdure doit être de préférence de forme ronde ou ovale, entouré par un solide rebord

LES ALLÉES CARROSSABLES ET LES ACCÈS

PLANTES SUPPORTANT LA POLLUTION POUR ALLÉES CARROSSABLES

Aesculus hippocastanum
Amelanchier espèce
Aralia elata
Aucuba japonica
Buxus sempervirens
Chaenomeles speciosa
Cornus alba
Elaeagnus x ebbingei
Euonymus fortunei
Fatsia japonica
Hydrangea macrophylla
Ilex aquifolium
Lonicera pileata
Mahonia x media
Malus hupehensis
Morus nigra
Rhus glabra
Skimmia japonica
Tilia x euchlora

pour le délimiter et empêcher les véhicules de l'endommager. On peut simplement le gazonner, avec un assortiment d'arbustes et de plantes couvre-sol, ou mettre un bel arbre au centre. Il faut laisser les végétaux autres que l'herbe infiltrer leurs racines dans le sous-sol naturel, au-delà des fondations de l'allée carrossable ; sinon ils se retrouvent dans une sorte de grand bac et risquent de se dessécher ou d'être gorgés d'eau. Le niveau du sol peut rester horizontal ou former un léger monticule ; il vaut mieux lui laisser le temps de se tasser avant de semer ou de planter.

Les flancs de l'allée carrossable peuvent être gazonnés ou plantés. Une bordure de gazon bien nette souligne son profil, alors qu'une plantation d'arbustes atténue son aspect austère, grâce aux feuillages. Comme on sera amené à voir ces végétaux tous les jours, autant choisir des espèces offrant un équilibre saisonnier, en équilibrant les arbustes à feuilles caduques et à feuillage persistant. On peut ainsi prévoir pour égayer les mornes mois d'hiver des arbustes à fleurs qui portent des baies pendant l'arrière-saison, ou des arbres et arbustes aux tiges ou aux troncs colorés.

Les espèces possédant des fleurs, des baies, des tiges ou des troncs clairs ou blancs permettent de signaler un accès sombre. Quand les phares frappent les troncs blancs luisants de *Betula utilis jacquemontii*, ou les tiges pâles fantomatiques de *Rubus cockburnianus*, cela aide à manœuvrer. Placé à côté d'une porte d'entrée, un massif de *Rosa* 'Nevada' aux fleurs crème foisonnantes la met en valeur. On peut également rechercher des espèces supportant la pollution pour résister aux vapeurs d'essence ; vous en trouverez un certain nombre dans la liste figurant sur cette page. Il faut également souligner l'importance de la porte principale de la maison. On procède souvent en plaçant une paire de vases, de petits arbres, des arbustes ou des réalisations topiaires de chaque côté.

Des bacs bien garnis et une combinaison de dallages contrastés marquent l'accès élégant de cette maison moderne. Le pavage de briques est confortable et ne risque pas de devenir glissant quand il pleut, grâce au passage couvert qui mène à la maison. Les galets et les dalles de marbre du premier plan donnent une texture intéressante dans un endroit moins passager.

LES ÉLÉMENTS HORIZONTAUX

Les pelouses et les étendues herbeuses

*Les pelouses ne souffrent aucune comparaison pour créer un bel arrière-plan présentant un aspect délicat et tranquille qui permet à d'autres éléments, dont les plantes, d'occuper le centre de la scène. Les pommiers d'ornement en fleurs (*Malus floribunda*), le hêtre rouge, l'arbre de Judée (*Cercis siliquastrum*) et les fleurs tombantes de* Magnolia wilsonii *forment une belle composition.*

Une pelouse constitue toujours le plus beau des décors. Même confrontée à de magnifiques surfaces dallées ou à des parterres arrangés avec art, la profondeur offerte par ce simple tapis vert est inégalable. Une étendue d'herbe unit les éléments épars du jardin et crée des vides neutres entre les divers aménagements et les thèmes colorés. En hiver, elle constitue la seule zone importante de verdure, sur une scène par ailleurs aride et presque dénuée de feuilles. Une superficie de pelouse bien entretenue, située plus ou moins au centre d'un jardin, contribue énormément à créer une impression de paix et de tranquillité. En comparaison, un jardin de taille moyenne doté d'une solide structure d'arbustes à fleurs, de petits arbres et de plantes herbacées et traversé par des allées en dur et des terrasses, éveille une sensation d'effervescence et d'agitation. En y introduisant ne fût-ce qu'une petite pelouse, on crée une aire de calme, verdoyante et contrastée.

Quelle importance doit avoir la pelouse ?

Dans la mesure du possible, la taille d'une pelouse doit refléter celle de la maison, ou au moins de sa façade. Une grande maison peut être entourée de petites aires gazonnées séparées par des allées, des terrasses et des parterres plantés, mais il est indispensable de prévoir une vaste pelouse, un peu plus loin, pour jouir de points de vue plus dégagés. Sur un terrain assez modeste, où il y a tout juste la place pour une petite pelouse, il faut trouver un équilibre entre celle-ci et les espaces plantés dans le plan de base du jardin et s'y conformer avec rigueur. Pour les enfants, une pelouse est pratiquement une nécessité, car elle leur procure un espace de jeu agréable et sûr pour les mois d'été, capable de se régénérer et de se reconstituer de lui-même après avoir connu les usages les plus éprouvants.

Par rapport à une vaste superficie plantée ou en dur, une aire de pelouse constitue une option relativement économique. Je recommande vivement aux propriétaires d'une nouvelle maison dont le jardin est entièrement nu de gazonner tout le terrain ; cela laisse un an pour réfléchir avec calme aux possibilités offertes par le site et aux différents aménagements possibles. On peut ensuite incorporer le gazon aux endroits où l'on plante des parterres, ce qui enrichit énormément la structure du sol.

Par ailleurs, pour citer des motivations plus terre à terre, dans un jardin sujet aux inondations ou à des chutes de pluies supérieures à la moyenne, les surfaces herbeuses absorbent l'eau plus rapidement et facilitent le drainage. Quant aux arbres et aux grands arbustes, les pelouses environnantes constituent pour eux un milieu sûr, à l'abri à la fois de la fourche et de la binette du jardinier et

LES PELOUSES ET LES ÉTENDUES HERBEUSES

Crocus tommasinianus
Ses jolies fleurs d'une teinte entre le saphir et la lavande se déploient aux premiers rayon de soleil du printemps. Originaire de Dalmatie, ce bulbe à multiplication rapide s'obtient à la fois par semis et par division et peut garnir rapidement et efficacement de vastes étendues. On peut le planter avec Cyclamen coum *et* Galanthus nivalis *sur les pelouses. Son feuillage disparaît discrètement, permettant de reprendre assez vite l'entretien de la pelouse.*

jardinier et des herbicides vaporisés sur les graviers, les dallages ou les parterres de fleurs.

La création d'une pelouse

Il existe deux méthodes, les semis ou la pose de plaques de gazon, qui présentent chacune leurs avantages et leurs inconvénients. Le gazon en plaque offre l'énorme avantage de procurer une surface rapidement utilisable, à la différence d'une pelouse semée qui, même au bout de quelques mois, doit être traitée avec soin. Il n'exige pas la même préparation du sol minutieuse que les semis et ne risque pas comme eux d'être envahi par les mauvaises herbes. Mais il est plus coûteux que les mélanges de graines et doit être mis en place immédiatement. Par ailleurs, un mélange d'herbe peut être adapté à vos besoins, alors que les plaques de gazon sont standardisées.

Sur le plan de la préparation, avant de poser du gazon en plaques, on bêche d'abord le terrain pour le débarrasser des mauvaises herbes vivaces et des grosses pierres. Puis on ratisse la surface du sol et on le tasse légèrement à l'aide d'un rouleau ou par piétinement. Avant de semer de l'herbe, il faut ameublir la terre nettoyée. L'idéal est d'attendre un petit moment avant de niveler le terrain et de le ratisser soigneusement pour obtenir un "lit de semences" léger mais ferme.

En ce qui concerne le meilleur moment pour créer une pelouse, dans le cas de plaques de gazon il est particulièrement recommandé d'agir en automne ou en hiver, période de calme dans le jardin. Il est indispensable d'arroser par temps sec, pendant huit à douze semaines après la pose. Si l'on sème des graines, on peut choisir une période plus favorable. La meilleure solution est sans doute d'utiliser une combinaison des deux méthodes, c'est-à-dire de poser du gazon en plaques sur le pourtour et les bordures de parterres et de semer le centre de la pelouse.

Contrairement au dallage ou à la superficie mobile du gravier, la pelouse constitue une entité vivante qui se modifie en fonction des saisons ; et la façon de l'entretenir conditionne son apparence. Une pelouse bien taillée et roulée fournit un doux tapis vert très soigné. Au contraire, on peut la laisser pousser et fleurir dans un verger, avant de la faucher. On peut donc rencontrer dans le même jardin le net contraste offert par une pelouse bien ordonnée et une prairie d'herbe haute, pleine de graminées spontanées et de fleurs sauvages, splendide océan de couleurs au début de l'été.

Poser du gazon

Il faut tasser légèrement l'endroit débarrassé des mauvaises herbes et le niveler, en mettant une mince couverture de terreau pour permettre aux jeunes racines de se former rapidement. Disposez les plaques en alternant les joints pour qu'ils ne s'ouvrent pas par temps sec et en plaçant les plus petites à l'intérieur de la pelouse et non sur les bords. Tenez-vous sur une planche de bois, pour éviter de piétiner le gazon pendant la pose. Ensuite, tassez-le bien à l'aide d'un rouleau.

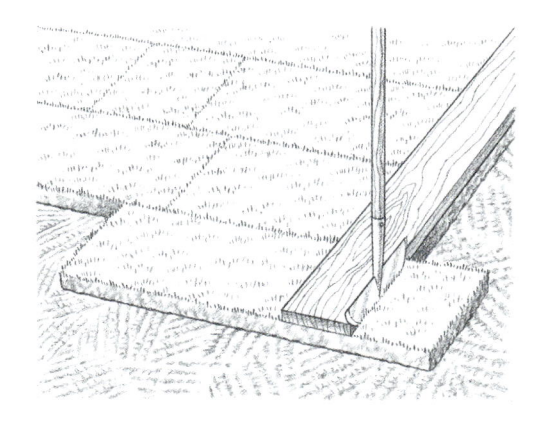

Utilisez une planche qui vous servira de guide pour couper les bords bien droit.

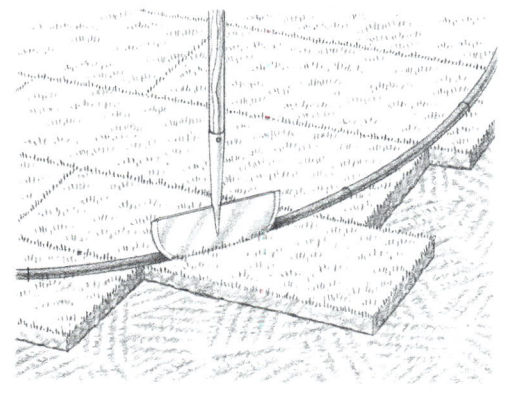

Taillez les coins arrondis en vous guidant à l'aide d'un tuyau d'arrosage.

LES ÉLÉMENTS HORIZONTAUX

CI-DESSUS *A côté des surfaces couvertes de tapis de gazon très soignés, des zones herbeuses plus spontanées ont également beaucoup de charme en certains endroits, comme autour de ces poiriers d'âge mûr. Au début de l'été, les capitules des herbes et les fleurs sauvages comme le trèfle et la marguerite des champs (Leucanthemum vulgare), enrichissent énormément le parterre herbacé créé par l'homme. A la fin de l'été, il faut tondre l'aire située sous les arbres et enlever l'herbe coupée pour obtenir une apparence agréable l'année suivante.*

L'entretien des pelouses

Alors qu'un espace dallé ou couvert de graviers n'a pas d'autre exigence que d'être désherbé de façon ponctuelle à l'aide d'un herbicide ou d'une binette, une pelouse a besoin de soins hebdomadaires pendant l'été et d'un entretien régulier pour rester saine et ne pas être envahie par les mauvaises herbes. Les instruments modernes ont énormément simplifié l'entretien des pelouses : il est désormais possible de s'occuper d'espaces assez vastes en peu de temps. Cependant l'aménagement du jardin ne doit pas être pour autant uniquement conçu en fonction de l'utilisation des machines.

La forme de la pelouse

Une pelouse aux lignes simples, bien dégagée, est ce qu'il y a de plus facile à entretenir avec une tondeuse. Plus les courbes et les angles sont petits et étroits et plus la pelouse est semée d'obstacles — arbres, massifs d'arbustes, meubles de jardin, bulbes —, plus il devient fastidieux de la tondre. Si un angle étroit peut être élargi pour former une longue courbe, cela facilite la tâche. L'accès à la pelouse doit être commode et aussi large que possible pour répartir l'usure engendrée par le passage en certains points spécifiques. La largeur des allées et des bandes d'herbe étroites doit toujours être au moins égale à deux fois celle de la tondeuse, pour permettre de la manœuvrer confortablement entre les bords.

L'ombre des arbres plantés au milieu des pelouses est parfois si épaisse qu'elle empêche l'herbe de bien pousser. Il convient souvent de transformer ces espaces en parterres plantés d'espèces ombrophiles, d'arbustes bas et de vivaces. Les arbres en surplomb et les branches des arbustes risquent d'endommager les bordures herbeuses. Il faut donc les enlever jusqu'à la limite de la pelouse, où faire reculer l'herbe. On ne doit planter les bulbes que dans des espaces herbeux informels que l'on peut laisser pousser librement, et attendre que les feuilles des bulbes se fanent et tombent avant de tondre. Il vaut d'ailleurs mieux planter les bulbes en bouquets denses que d'essayer de tondre à travers des fleurs plantées de façon clairsemée. Enfin quand la partie inférieure d'une pelouse en pente reste humide, on peut la transformer en parterre d'espèces friandes d'humidité pour absorber l'eau.

Quand des plantes ont tendance à déborder les limites d'un parterre de fleurs, il est conseillé d'installer une bordure de transition à l'extrémité de la pelouse : c'est une rangée de dalles de pierre ou de briques, qui ne doit pas dépasser 30-45 cm de large. Il est préférable de la réaliser à l'aide d'un matériau sombre, qui puisse disparaître en été sous les plantes, et rester discret en hiver. On la met en place juste au-dessous du niveau de la pelouse, pour faciliter le passage de la tondeuse.

En l'absence de bordures de transition, on doit bien entretenir la lisière de la pelouse en la taillant chaque année à l'aide d'un instrument spécial en demi-lune ; on trace une ligne bien nette en taillant un petit morceau de gazon en plaque, pour que la séparation entre la pelouse et les parterres plantés soit bien nette. Tous les rebords de pelouse abîmés doivent être restaurés à l'aide de carrés de gazon en plaque. On gazonne toujours en saillie par rapport à la pelouse pour compenser les affaissements.

Les tondeuses à gazon

Pour une pelouse très fine, à l'aspect extrêmement dru, il faut une tondeuse à cylindre, qui possède une série de lames montées sur un tambour pivotant et un rouleau assez lourd pour lisser la pelouse. Plus le cylindre comporte de lames, plus la coupe est fine. Cet engin, manuel ou équipé d'un moteur à essence ou électrique, laisse sur la pelouse des striures alternées vert pâle et vert foncé. On l'équipe d'un réceptacle pour recueillir l'herbe coupée.

Quand on désire une pelouse très résistante, il est nécessaire de laisser l'herbe plus épaisse pour mieux résister à l'usure. On obtient ce résultat en utilisant une tondeuse à lame rotative horizontale. Cet appareil n'a pas de rouleau, permettant ainsi à l'herbe de rester plus aérée ; il est beaucoup plus léger qu'une tondeuse à cylindre et offre plus de possibilités au niveau des tailles et des variétés d'herbes coupées. Il doit être équipé d'un réceptacle pour recueillir l'herbe, car sinon elle se répand sur toute la pelouse ; dans ce cas on peut la ratisser ou attendre qu'elle sèche et disparaisse.

Si on ne ramasse pas l'herbe, cela donnera lieu à une accumulation de matériaux morts (du 'chaume') sous l'herbe. On redonne ainsi à la pelouse des éléments nutritifs et, par temps sec, cette fine couche d'herbe coupée conserve l'humidité. Mais dans la plupart des cas, il est préférable de l'enlever et de l'adjoindre aux déchets ménagers et végétaux qui alimentent le tas de compost, car elle accélère la fermentation.

Pour des endroits d'accès difficile, comme les pentes et les talus, ou pour tondre sous les arbustes étalés à faible hauteur, on peut se servir d'une tondeuse spéciale à lame rotative horizontale maintenue au-dessus du sol par un coussin d'air. Equipée d'un moteur à essence ou électrique, c'est un outil très léger.

Pour de plus grands jardins, on peut avoir besoin d'une tondeuse autoporteuse ou tracteur de pelouse. Cet appareil peut être muni aussi bien de lames cylindriques que de lames rotatives. On peut l'équiper d'un dispositif pour recueillir l'herbe et d'une remorque. Cela réduit énormément le temps de travail, mais ces engins présentent un certain nombre d'inconvénients : ils sont chers, lourds et leurs rendements sont médiocres sur l'herbe humide ; de plus, ils ne peuvent pas accéder à certaines zones.

Les coupe-bordures, capables de donner une fine bordure aux pelouses, sont extrêmement utiles. Ils permettent de venir rapidement à bout d'endroits peu commodes : contre un mur où l'herbe a poussé jusque dans la maçonnerie, autour d'un bassin, ou dans tous les recoins qui ne sont pas à la portée d'une tondeuse. Equipés d'un moteur à essence ou électrique (à fil ou à piles), ils possèdent des 'fléaux' en cordes de nylon ou de solides lames de nylon ou d'acier. Ce sont des outils extrêmement dangereux, et il faut toujours les utiliser avec prudence, en pensant à se munir de chaussures de protection, d'un pantalon de travail épais et de lunettes de protection.

L'unique moyen d'avoir une pelouse bien verte et vraiment résistante est de la tondre et de l'entretenir régulièrement. Les diverses opérations impliquées sont détaillées dans l'aide-mémoire figurant dans la marge à gauche. Il faut également restaurer la pelouse lorsqu'elle est abîmée. On peut niveler jusqu'à un certain point les surfaces inégales au moyen du roulage, qui stimule également le tallage (croissance en largeur et en épaisseur) ; il en résulte un tapis d'herbe dru. Les tondeuses à cylindre possèdent de lourds rouleaux incorporés mais toutes les pelouses auraient besoin d'un bon roulage au printemps, puis chaque mois pendant l'été. On peut remédier à des bosses importantes en décollant une section de gazon pour araser un peu le sol avant de replacer le gazon avec soin. On peut combler peu à peu les trous peu profonds en tamisant une fine couche de terre argileuse sur la dépression et en laissant l'herbe pousser à travers, puis en répétant l'opération.

La mousse pose parfois un problème sur une pelouse ombragée, en particulier après un été très pluvieux ou un hiver doux et humide. On peut enlever une partie de la mousse en scarifiant le terrain en automne, mais on obtient de meilleurs résultats en utilisant parallèlement un produit anti-mousse. Afin d'éviter le retour de ce problème, il faut améliorer le drainage du sol.

L'ENTRETIEN DES PELOUSES

● Au début de l'automne, on introduit une fumure de couverture — un mélange de terre de bonne qualité, de sable et de tourbe (ou de fibre de coco broyée).

● Au printemps et si possible en été et en automne, on administre un engrais équilibré ; un distributeur d'engrais à roulettes facilite la tâche.

● On débarrasse la pelouse des feuilles mortes et autres débris et on relève l'herbe piétinée à l'aide d'un brossage régulier et d'un léger ratissage. Pour enlever les matériaux morts amoncelés sur le sol, on scarifie la pelouse chaque automne, avec un râteau spécial ou un scarificateur à moteur.

● Après avoir scarifié, on aère la pelouse pour améliorer son drainage et atténuer les tassements. On utilise une fourche d'aération ou un aérateur manuel ou à moteur. Une pelouse gorgée d'eau, la présence de mousse, le brunissement de l'herbe, des zones dénudées et une faible vigueur, sont tous des indices de tassement.

LES ÉLÉMENTS HORIZONTAUX

Les dénivellations

Un site étagé sur plusieurs niveaux, avec des marches et des pentes douces aux profils variés, offre de nombreuses possibilités d'aménagement intéressantes ; on peut y créer un jardin ayant beaucoup de cachet. Et cela présente certains avantages pratiques. Ainsi, quand on plante des arbres au niveau supérieur, ils acquièrent plus rapidement de l'importance et les sentiers situés en contrebas tirent profit de ces plantations en hauteur, qui réussissent à conférer un aspect achevé à un jardin relativement récent. Les changements de niveaux peuvent également servir à définir des espaces distincts.

Les dénivellations naturelles

Dans certains jardins en pente, les changements de niveaux sont l'œuvre de la nature. Si l'inclinaison est trop prononcée ou malaisée, on peut aménager des terrasses, en disposant des murs de soutènement ou une série de talus herbeux entre les différents niveaux. Créer une vaste superficie plane sur une pente naturelle entraînerait la construction d'un haut mur de retenue et d'escaliers abrupts inesthétiques. Il vaut donc mieux créer plusieurs petites parois de soutènement de proportions plus réduites. On peut cependant atténuer l'impact visuel d'un grand mur de soutènement, en construisant immédiatement devant lui un autre petit muret de retenue d'un mètre de haut environ. La distance entre les deux parois ne doit pas excéder la largeur d'un parterre et l'intervalle est rempli de bonne terre et de végétaux, ce qui allège notablement la masse visuelle de l'ensemble.

Il n'est pas toujours nécessaire de construire de robustes murs de soutènement d'apparence ingrate. Des talus et des pentes offrent une approche plus simple, plus naturelle, à moindre coût. Un terrassier habile est capable de façonner des profils très précis du sol. Une pente herbeuse bien nette, ou un talus tout en courbe peuvent constituer des éléments pleins de charme tout en ayant une fonction utilitaire.

Quand on crée une dénivellation, elle doit être praticable pour une brouette, un tracteur de jardin ou une tondeuse, ainsi que pour des visiteurs. On peut gazonner les talus, pour empêcher l'érosion du sol. Il convient d'essayer la pente avec la tondeuse avant de l'achever définitivement. Sur un talus planté, on peut utiliser des plantes couvre-sol pour unir rapidement la surface — des espèces comme *Vinca major*, *Sasa veitchii*, *Hypericum calycinum*, *Campanula glomerata*, *Alstroemeria* et *Euphorbia*

Construire un mur de soutènement

Un mur soumis à la pression d'une masse de terre d'un côté doit être assez solide pour résister à cette force. On doit donc édifier une double paroi sur de solides fondations, comme pour un mur de briques (voir page 34). Un mur de parpaings de ciment construit pour retenir la terre située derrière lui peut être uni par une armature métallique à un parement plus esthétique. Un remblai de blocaille avec un tuyau de drainage dirigé vers un puisard ou un fossé permet d'évacuer l'eau et de réduire les problèmes qu'elle peut causer en gelant.

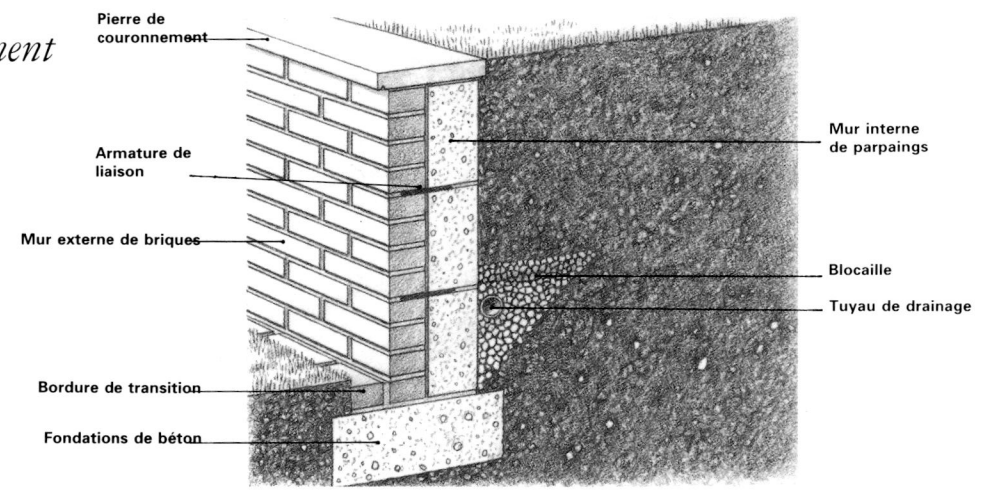

Pierre de couronnement
Armature de liaison
Mur externe de briques
Bordure de transition
Fondations de béton
Mur interne de parpaings
Blocaille
Tuyau de drainage

LES DÉNIVELLATIONS

robbiae, qui se propagent grâce à des stolons et à des racines souterraines sont l'idéal, car leur port a pour effet de stabiliser une pente instable.

L'aménagement des talus

Les plantations aménagées sur des talus surélevés peuvent constituer un écran visuel et sonore. Le talus doit, si possible, être large et légèrement en pente, pour avoir l'air relativement naturel. Dans certaines régions extrêmement humides, il est difficile de faire pousser des arbres et des arbustes sur un lourd sol argileux comportant peu de bonne terre arable. Le sol humide reste longtemps froid au printemps et, par conséquent, l'enracinement est lent. Dans de telles conditions, une pratique ancienne est de planter sur des tertres, en surélevant le niveau naturel du sol au voisinage du trou de plantation d'environ 50 cm, en utilisant un sol bien drainé. Cela permet aux plantes de développer des racines saines et vigoureuses, capables ensuite de pénétrer le sol naturel défavorable. Dans une zone humide, on peut planter les haies sur des talus, car elles poussent mieux dans cette position dominante.

Un emplacement surélevé — sous la forme d'un simple tertre ou d'un parterre bordé d'un muret — peut également favoriser la croissance de plantes spécifiques. Certains bulbes et les espèces alpines ont besoin d'un sol extrêmement bien drainé et assez pauvre, alors que d'autres végétaux apprécient un substrat ayant un niveau de pH différent de celui du sol naturel qui les entoure.

Les murs de soutènement

Conçus pour aménager des terrasses ou pour retenir des parterres surélevés, ils doivent être revêtus d'un matériau en harmonie avec les autres espaces en dur. On atténue leur aspect abrupt à l'aide de plantes grimpantes et rampantes appropriées en fonction de l'orientation. Quand on les construit, on installe des tuyaux transversaux qui aboutissent dans le sol situé derrière eux ; cela permet aux plantes de se fixer à leur surface. On remplit ces tuyaux d'un bon mélange de rempotage.

On peut utiliser des végétaux pour dissimuler au moins une partie de la dénivellation et atténuer l'effet du mur de soutènement ou du talus. On met, autant que possible, des plantes devant et derrière le mur ou le talus ; elles finissent par se mêler par endroit. Les arbustes plantés au niveau supérieur doivent avoir une structure arrondie pour garnir le sommet du mur ou du talus — des spécimens hauts et minces ne feraient que souligner la pente. En bas, les végétaux doivent également présenter une forme arrondie, ondulante, capable de se couler au ras du mur. Pour planter un talus d'arbres et d'arbustes, je recommande des espèces connues pour leur branches étagées comme *Acer palmatum*, *Cornus alternifolia* 'Argentea', *Cornus controversa* 'Variegata' et *Viburnum plicatum* 'Lanarth'. Ils créent une agréable impression de succession de niveaux bien ordonnés en terrasses.

On peut fractionner une pente douce en créant une série de pelouses situées à des niveaux différents bien définis et retenus par des murs de soutènement bas. Les murs de pierres sèches créent une forte impression architecturale qui concoure énormément à l'esthétique du jardin. Ici les bouquets d'œillets prédominent dans les parterres d'herbacées, en compagnie de sauge, de géraniums rustiques, d'achillées et de pivoines. Des arbustes et un bois se profilent à l'arrière-plan.

LES ÉLÉMENTS HORIZONTAUX

Les volées de marches

Une volée de marches bien dessinée peut se fondre dans le jardin, en unissant deux niveaux. Son style et son matériau doivent être en rapport avec l'architecture d'ensemble de la maison et du jardin et s'harmoniser avec l'environnement immédiat. Sa taille doit correspondre au site. Dans un jardin modeste, les marches peuvent prendre la forme de simples dalles de pierre posées sur le flanc d'un talus ; à l'opposé, dans un grand jardin de type formel, on peut construire un escalier indépendant avec des marches et des contremarches courbes, flanqué de murs couronnés d'une balustrade et surmontés de paires de fleurons en haut et en bas.

Les marches et les contremarches ont la même importance sur le plan visuel. Elles peuvent être faites du même matériau, ou offrir un contraste de couleur et de texture.

Il faut toujours considérer l'aspect pratique des escaliers : par temps de pluie, les marches de pierre, de brique ou de bois sont très glissantes et les degrés humides peuvent geler en hiver. Une surface rugueuse, anti-dérapante permet d'éviter cela. Les marches bien construites sont légèrement inclinées pour laisser l'eau s'écouler, de manière à sécher relativement vite. Elles doivent toujours être solidement scellées au mortier.

Le rapport entre les dimensions des marches et des contremarches est capital : s'il a été correctement calculé, le pas normal ne doit pas être ralenti par les marches. Cette proportion varie évidemment en fonction du matériau utilisé et du site, mais en règle générale, une contremarche doit avoir entre 12,5 et 23 cm de haut et une marche entre 30 et 45 cm de profondeur.

Les matériaux destinés aux escaliers

La façon la plus efficace de fondre un escalier dans le jardin est d'utiliser des matériaux que l'on y rencontre déjà. Si l'on emploie une dalle identique à celle des allées pour la marche et de la brique ou un bloc de pierre reconstituée semblable à celle des murs pour la contremarche, l'escalier s'intègre parfaitement. Les degrés réguliers constitués de dalles de pierre ou de briques disposées pour former des motifs complexes, conviennent dans la plupart des cas, mais on aspire parfois à un matériau ou à un style plus original. Quand un sentier traverse une zone densément peuplée d'arbres et d'arbustes, on utilise parfois des rondelles de bois,

Des marches creusées

Pour créer une volée de marche discrète, on peut la tailler dans un talus. On mesure la hauteur pour calculer le nombre de marches nécessaires. On établit d'abord le profil approximatif de l'escalier, en tassant la terre à l'emplacement de chaque marche, puis on creuse des fondations de 25 cm environ pour le première contremarche, que l'on remblaie de béton au-dessus d'une base compacte de blocaille. Il faut creuser l'emplacement de la marche suivante avant de mettre en place la dalle de la précédente.

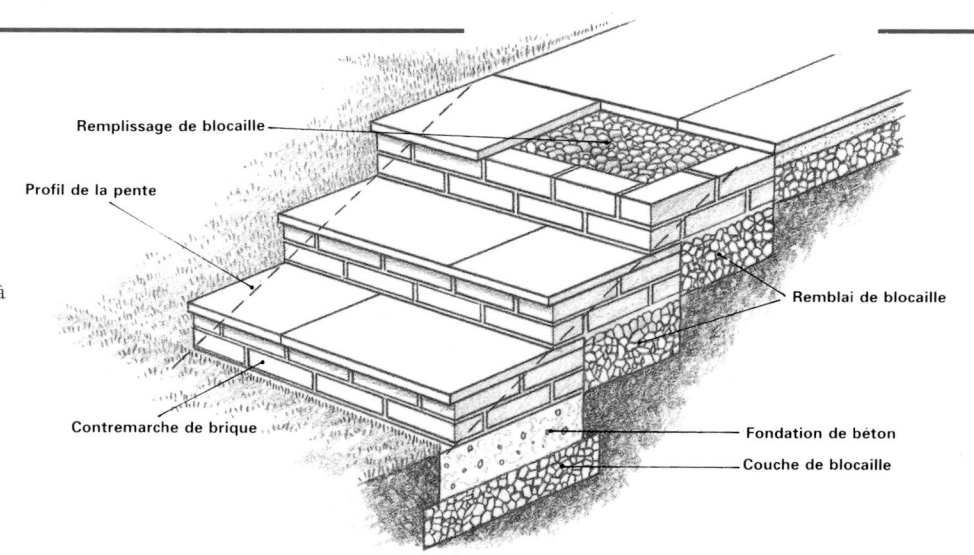

LES VOLÉES DE MARCHES

CI-DESSUS *Cette généreuse volée de marches de briques présente une apparence soignée. La brique offre une bonne prise par temps de pluie et de gel.*

CI-DESSUS A DROITE *Ces marches faites de traverses de chemin de fer sont remplies de blocaille et recouvertes de gravier.*

ou une surface d'écorce ou ou de graviers retenue par une bordure de rondins de bois ; s'il rencontre une dénivellation, on peut alors construire des marches rustiques, avec des contremarches de bois maintenues par des piquets enfoncés dans le sol. Les marches sont constituées d'un remplissage de pierraille recouvert d'une couche de graviers ou d'éclats d'écorce. Dans un aménagement de type moderne, on se sert souvent de traverses de chemin de fer pour créer des petits murets de soutènement qui fractionnent une pente légère. Dans le même esprit, on peut construire des degrés très simples en utilisant ces traverses pour créer des degrés généreux, larges et profonds, qui forment un plan doucement incliné.

L'utilisation des plantes

Quand on laisse la place pour mettre de la terre au fond des marches, contre la contremarche, lors de la construction de l'escalier, on peut y planter de petits végétaux pour l'adoucir et l'harmoniser avec les plantations voisines. On a également la possibilité de disposer des pots des deux côtés de l'escalier, garnis d'une abondance d'espèces grimpantes et rampantes à floraison d'été.

Des marches indépendantes

Une courte volée de marches indépendantes menant à une terrasse ou à une pelouse située à un niveau supérieur peut être très élégante. Sur de solides fondations de blocaille et de béton, comme pour les marches creusées, chaque niveau est constitué d'une structure de brique sur toute la hauteur de la contremarche et le vide est rempli de blocaille compactée. Les marches doivent faire saillie au-dessus des contremarches, pour que l'eau ne s'infiltre pas à l'intérieur.

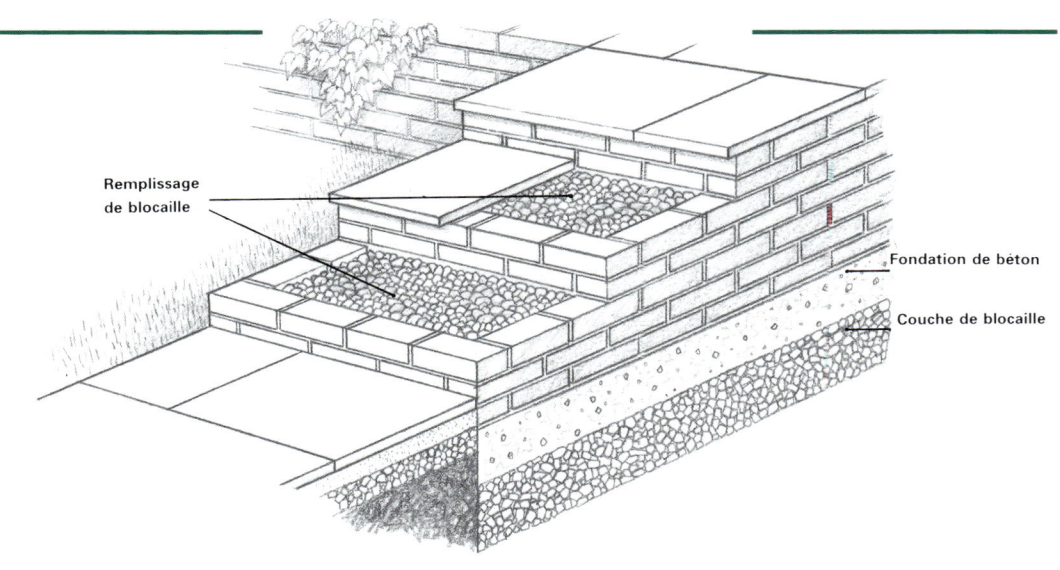

Remplissage de blocaille

Fondation de béton

Couche de blocaille

Orner de plantes les bords des marches

Des degrés orientés vers le soleil en fin d'été

Un talus planté peut accueillir de nombreuses espèces recherchant un sol bien drainé, car un tel endroit reste rarement humide. Cette réalisation symétrique à base de fleurs bleues et de feuillages bleu-argent amalgame des espèces aux formes bien définies au niveau de chaque contremarche. La forme touffue de *Viola cornuta* et les solides boules de lavande (*Lavandula angustifolia*) soulignent les extrémités du premier degré. *Nepeta* et *Buglossoides* se répandent tout le long de l'escalier, pendant que *Perovskia* et *Aconitum* 'Bressingham Spire' apportent une note verticale en marge. En fin d'été, les *Agapanthus* hybrides Headbourne, avec leurs fleurs en forme de baguette de tambour, se mêlent aux feuilles hérissées de *Yucca gloriosa*, orientant le regard vers le haut.

1 *Aconitum* 'Bressingham Spire'
2 *Agapanthus* hybrides Headbourne
3 *Buglossoides* (syn. *Lithospermum purpurocaerulea*)
4 *Ceanothus x delileanus* 'Gloire de Versailles'
5 *Hebe* 'Pexter Dome'
6 *Lavandula angustifolia*
7 *Nepeta* 'Six Hills Giant'
8 *Perovskia* 'Blue Spire'
9 *Viola cornuta*
10 *Yucca gloriosa*

Des marches en bois sur un talus ombragé à la fin du printemps

Dans ce milieu informel, ces marches discrètes et rustiques sont particulièrement adaptées. Des demi-rondins retenus par des piquets de bois forment les contremarches et les marches sont remblayées à l'aide de pierraille et d'écorce. De petits végétaux ornent les contremarches, comme la fougère (*Polypodium vulgare*), l'herbe aux écus (*Lysimachia nummularia*) et *Soleirolia soleirolii*. Du lierre à petites feuilles offre une couverture permanente au cours de l'année. Les plantes basses latérales contribuent à fondre les marches dans le talus. D'autres espèces comme *Skimmia japonica* et la fougère mâle (*Dryopteris filix-mas*), bien que plus grandes, se penchent également vers le sol. Derrière elles poussent de hautes plantes ombrophiles, comme la gentiane (*Gentiana asclepiadea*), le beau silène liséré de blanc (*Silene fimbriata*) et *Cynoglossum nervosum* bleu vif.

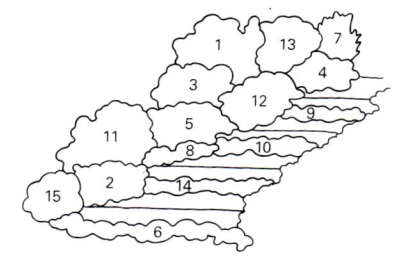

1 *Astrantia major* 'Shaggy'
2 *Cardamine trifolia*
3 *Cynoglossum nervosum*
4 *Dryopteris filix-mas*
5 *Gentiana asclepiadea*
6 *Hedera helix* 'Hazel'
7 *Iris foetidissima* 'Variegata'
8 *Lamium maculatum*
9 *Lysimachia nummularia*
10 *Polypodium vulgare*
11 *Silene fimbriata*
12 *Skimmia japonica* 'Rubella'
13 *Smyrnium perfoliatum*
14 *Soleirolia soleirolii*
15 *Uvularia grandiflora*

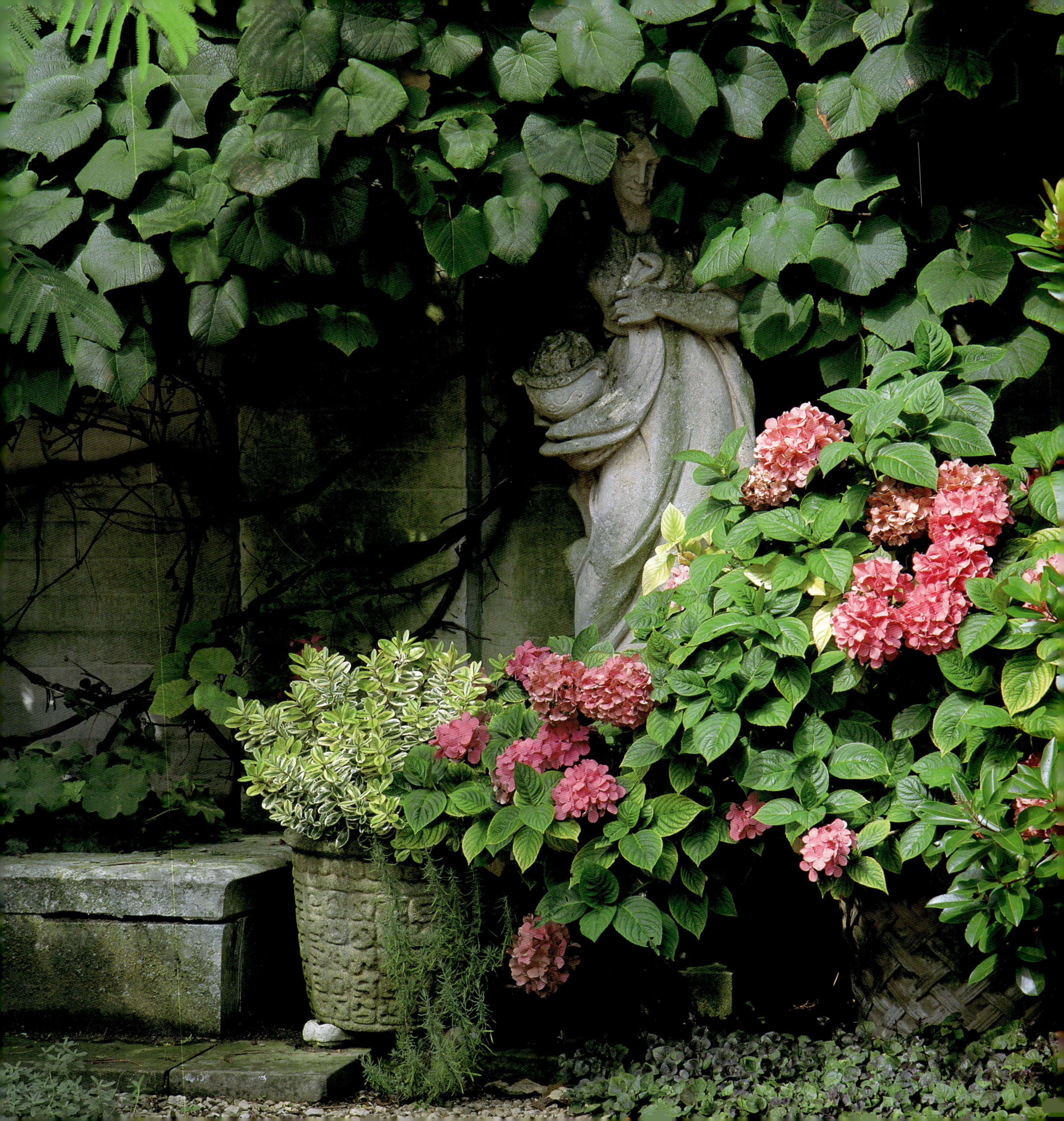

L'ORNEMENTATION DU JARDIN

Les éléments décoratifs introduits dans un jardin bien aménagé et conçu avec soin sont la petite note qui vient encore renforcer son charme. Savamment combinés avec les autres composants du jardin, ils peuvent lui conférer un cachet particulier et le parer d'une atmosphère magique.

La juxtaposition de statues et de matériel végétal peut conférer un cachet particulier à un jardin. Ici une statue placée contre un mur est en partie dissimulée par le feuillage tranché de Vitis coignetiae qui drape le mur et par un Hydrangea macrophylla 'Ami Pasquier' en pleine floraison. Des Viola labradorica tapissent le sol.

L'ORNEMENTATION DU JARDIN

Les éléments décoratifs

Ce terme recouvre aussi bien des édifices que des sculptures ou des plantes, dont la vocation commune est d'orner le jardin, même quand ils jouent par ailleurs un rôle fonctionnel. Les constructions de jardin comprennent les temples, les belvédères et les kiosques ; leur architecture doit présenter un certain attrait et leur fonction est celle d'une 'pièce' d'extérieur procurant un abri. Les pergolas, les tonnelles et les arceaux contribuent considérablement à l'esthétique du jardin, tout en accueillant une grande variété de plantes grimpantes, rampantes et volubiles.

Les sculptures, les cadrans solaires, les refuges pour les oiseaux et les vases constituent les éléments décoratifs les plus petits que l'on puisse rencontrer dans un jardin ; ils achèvent de le personnaliser. L'eau peut insuffler la vie à un décor trop paisible et manquant d'animation ; les fontaines murales, les bassins, les torrents ou les étangs ont toujours beaucoup de charme. Des meubles de jardin offrant un design recherché ont l'avantage de satisfaire l'œil tout en étant fonctionnels. Les éléments décoratifs les plus simples et les plus naturels sont les végétaux eux-mêmes. Un arbre ou un arbuste bien placé et mis en valeur par les plantations voisines produit un effet puissant, de même qu'un massif de plantes herbacées à la silhouette remarquable ou dotées de feuilles ou de fleurs bien tranchées.

La mise en place des éléments décoratifs

Ces points de mire doivent être implantés au bon endroit, sinon ils risquent de ne pas produire l'effet recherché. En premier lieu, on doit décider si l'on veut que l'élément ornemental soit bien en vue, — qu'il se remarque par exemple dès que l'on pénètre dans le jardin —, ou si sa présence doit être plus discrète, offrant ainsi l'attrait supplémentaire de la découverte. Les abris de jardin et les belvédères doivent évidemment être placés à un endroit où ils bénéficient de la chaleur du soleil. Il faut toujours savoir peser soigneusement les aspects esthétiques et pratiques. Ainsi, dans certains endroits, un abri de jardin ou un banc peut être très décoratif mais s'il n'est pas tourné vers le soleil ou s'il reçoit l'ombre de grands arbres, son utilité est très limitée.

On emploie couramment des éléments symétriques, comme des paires d'urnes ornementales ou de créations topiaires pour canaliser le regard, mettre en valeur un élément plus petit ou conférer de l'importance à une vaste composition. Il ne faut jamais trop les séparer, pour que l'on puisse les noter d'un seul coup d'œil. Des éléments de couleur vive placés au milieu d'un environnement sombre peuvent les éclairer. Par exemple un beau banc de bois doté d'un magnifique dossier ouvragé peint en blanc ou en crème se détache splendidement sur une haie très sombre. Mais on évite de placer un élément aussi voyant tout au bout du jardin, car il risque de distraire le regard.

L'eau

L'introduction de l'eau peut prendre des formes très variées, qui insufflent toujours un esprit très différent au jardin. Car l'eau vit : elle bouge, reflète ce qui l'entoure et émet des sons. Elle attire les oiseaux et peut accueillir des poissons et des grenouilles. De plus, elle permet de cultiver divers types de plantes aimant l'humidité ou poussant dans l'eau. Une fontaine murale, composée d'un mascaron qui fait jaillir l'eau et d'une vasque située en-dessous, orne magnifiquement une terrasse. Un bassin carré placé à l'angle d'une terrasse dallée l'enrichit de magnifiques reflets et lui apporte une note de sérénité. Un bassin bien conçu peut d'ailleurs agréablement soutenir la comparaison avec une surface plantée ou dallée de même taille.

Les bassins classiques présentent en général une apparence géométrique, aux contours nets et droits. Quant aux pièces d'eau originales, elles doivent avoir l'air le plus naturel possible, afin de s'intégrer étroitement aux espaces plantés qui les jouxtent. Il convient de planter leurs bords pour

Le murmure et l'apparence de l'eau peuvent créer un effet apaisant. Ici l'eau jaillit d'un mascaron classique à tête de lion scellé dans le mur, sur de gros galets placés dans un simple abreuvoir. Le feuillage foisonnant d'un houblon (Humulus lupulus) sert de cadre à la fontaine et des pots de couleurs vives contiennent des formes topiaires de buis.

LES ÉLÉMENTS DÉCORATIFS

qu'elles se fondent intimement dans le jardin. Dans les deux cas, plus le niveau de l'eau est haut, plus l'effet est réussi : cela met en valeur la faculté réfléchissante de l'eau tout en masquant les matériaux de revêtement inesthétiques. Un bassin classique est souvent doté de bords verticaux ; lorsqu'il y a plus de 90 cm d'eau, il faut faire en sorte que les petits animaux puissent en sortir : on installe un rebord sous le niveau de l'eau, qui est également commode pour y placer des pots de plantes aquatiques. Les étangs informels comportent en général des bords inclinés, qui conviennent parfaitement aux végétaux. Ils peuvent présenter des zones plus ou moins profondes, pour satisfaire les différentes espèces aquatiques.

Mettre en place un décor

Quand on réunit en un même endroit un ensemble d'éléments élégants disposés avec soin, on crée un effet puissant. Même un seul arbre touffu placé au fond d'une pelouse, peut avoir un fort impact sur l'ensemble du jardin. Les éléments décoratifs peuvent non seulement servir à évoquer un style ou une époque, mais également constituer des points de repère, par exemple, deux urnes juchées sur un piédestal et une statue placée plus loin, dans le même axe. Ces décors peuvent présenter une apparence grandiose, mais les mêmes principes s'adaptent aux petits jardins. Par exemple : deux petits vases assortis placés au bord d'une étroite terrasse ont leur pendant de l'autre côté d'une petite pelouse ; la seconde paire de vases,

On a conféré une atmosphère particulière à ce petit jardin clos en y créant ce point d'intérêt fait d'une statue sur un socle entourée de 'tertres' de buis taillés.

Construire une fontaine murale

L'eau est recyclée par une petite pompe électrique. Un réservoir séparé permet de dissimuler les câbles et les tuyaux sous le sol, ainsi que de masquer la pompe submersible et d'éviter de l'entendre, à condition que la couverture soit bien isolée. La hauteur du mascaron dépend en partie de la puissance de la pompe et de l'altitude à laquelle elle peut projeter l'eau. Il faut vider l'ensemble du circuit avant le début de l'hiver pour éviter les détériorations causées par le gel.

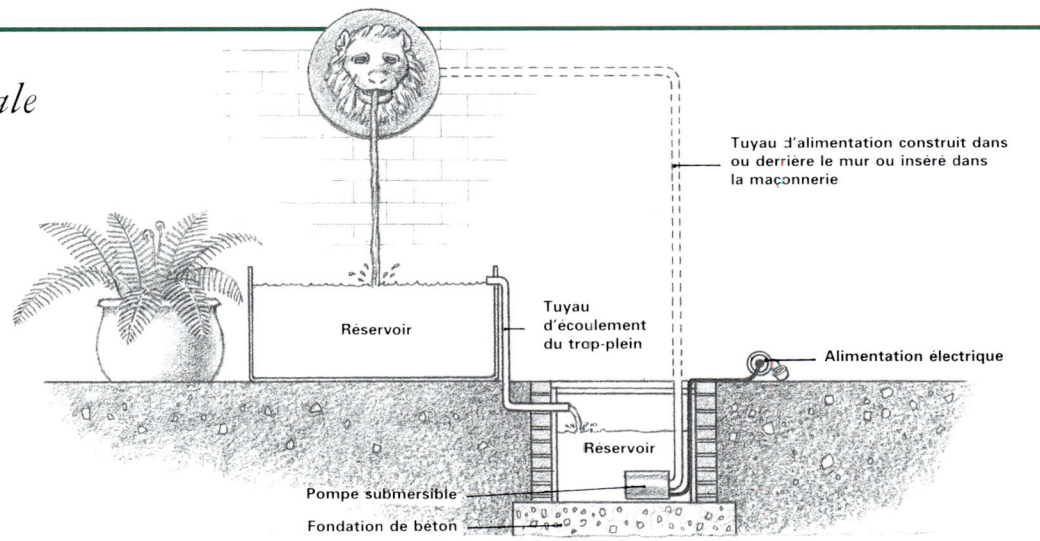

L'ORNEMENTATION DU JARDIN

soulignant un passage dans un écran de treillis, dirige le regard vers une statue ou une urne disposée au centre d'une surface dallée occupée par des tables et des chaises ; l'ensemble s'inscrit dans un espace de 10 m sur 8.

Une sculpture peut donner de la profondeur à un jardin réduit et d'apparence assez sauvage. Les statues et les urnes constituent des points de mire très satisfaisants, dont la fonction peut être de ponctuer l'espace. Les végétaux utilisés comme toile de fond mettent l'élément décoratif en valeur, tout en contribuant à l'intégrer au site. Les bancs ou les chaises offrent des points d'intérêt peu convaincants, car trop fonctionnels pour être vraiment attirants, quelle que soit la richesse de leur ornementation. Ils sont donc mieux à la lisière du jardin, où l'on peut les apercevoir sans qu'ils soient nécessairement bien en vue.

Introduire une note verticale

Les tonnelles, arceaux et pergolas peuvent prendre des formes très différentes, allant des structures les plus simples, supportées en partie par la maison ou le mur du jardin, aux colonnades ou aux tunnels indépendants. Ils peuvent introduire un mouvement dans le jardin, en unissant différentes zones, ou inviter les visiteurs à pénétrer dans une 'pièce' agrémentée de sièges et d'ombre. Revêtues de végétaux, ces structures peuvent avoir un impact non négligeable de par leur taille et leur volume, mais leur disposition ouverte leur évite de paraître trop massives.

Leur construction doit, autant que possible, s'inspirer des édifices environnants. Un arceau peut reprendre le profil courbe d'une maison, d'une fenêtre ou d'une porte. Dans le cas d'une pergola, les montants verticaux peuvent être faits de bois, de brique ou de pierre et, autant que possible, il convient d'utiliser le même matériau que celui de la maison, en particulier quand la pergola doit s'y adosser. Car si elle n'est pas unie au bâtiment voisin d'une façon ou d'une autre, elle risque d'apparaître comme une pièce rapportée. Mais si l'on s'inspire de la hauteur des fenêtres ou du style d'un linteau sculpté pour créer le profil de la pergola, on obtient une unité. Ses supports verticaux doivent toujours être espacés de façon régulière et précise. Quand il y en a beaucoup, cela crée un rythme intéressant, qui décore une allée ou le bord d'une terrasse, les ombres projetées accentuant leur impact.

Une série d'arceaux indépendants produit le même effet visuel qu'un tunnel traversant le jardin.

PLANTES POUR REVÊTIR UNE PERGOLA

Actinidia chinensis (groseille de Chine ou kiwi)
Clematis orientalis
Cobaea scandens
Humulus lupulus 'Aureus' (houblon doré)
Jasminum officinale (jasmin blanc)
Laburnum x watereri 'Vossii'
Lonicera japonica 'Halliana' (chèvrefeuille)
Rosa 'Blush Rambler'
R. longicuspis
Schizandra rubrifolia
Vitis vinifera (vigne)
Wisteria floribunda

La construction d'une pergola

Une pergola repose sur des poteaux de bois ou des piliers de pierre ou de briques construits autour d'une âme de béton. (Voir page 42 pour l'érection des poteaux de clôture.) La structure horizontale est formée de poutres longitudinales qui reposent sur les montants, surmontées par des traverses perpendiculaires dont les extrémités en saillie au-dessus des poteaux de soutien peuvent être traitées de façon ornementale. Des lattes moins épaisses peuvent les croiser à leur tour, pour pouvoir y attacher des grimpantes capricieuses.

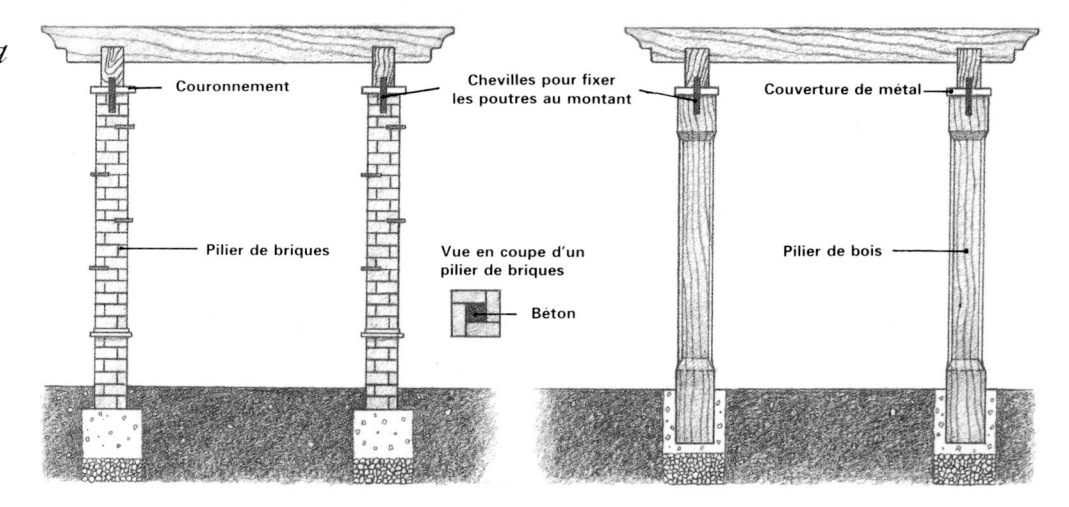

Couronnement — Pilier de briques — Chevilles pour fixer les poutres au montant — Vue en coupe d'un pilier de briques — Béton — Couverture de métal — Pilier de bois

LES ÉLÉMENTS DÉCORATIFS

Même s'ils ne sont pas unis et laissent un passage des deux côtés, vus des deux extrémités, ils donnent l'impression de se joindre pour former une voûte continue. Un tunnel en treillis bien placé peut former la colonne vertébrale du jardin et entraîner le regard vers un point d'intérêt lointain. S'il est dallé de briques, l'impression de couloir sera accrue à l'aide d'un appareillage continu (voir page 64). On peut se servir, à court terme, d'un tunnel très simple au-dessus d'une allée, en utilisant des tiges de bambou ou des rames à haricots en bois, inclinées et liées au centre. Cela offre un support aux grimpantes annuelles comme le pois de senteur (*Lathyrus odoratus*) ou, dans un potager, aux haricots à rame.

Le palissage des plantes grimpantes

Pour calculer les dimensions d'un arceau ou d'une pergola, il faut penser que les grimpantes qui vont les revêtir ont besoin d'un minimum d'espace. Quand il pleut, il n'est pas agréable de se frotter aux feuillages humides et la largeur doit donc être suffisante pour le confort des promeneurs. Pour permettre à deux personnes de se croiser sans être égratignées par les épines des roses, il faut prévoir une largeur de 2 m ; dans un petit jardin, une largeur de 1,20 m suffit pour une personne. En ce qui concerne la pergola, les bases de béton des montants verticaux doivent être un peu plus larges pour assurer leur stabilité. Mais il faut également penser aux grimpantes : plus les fondations débordent, plus elles se trouvent loin de leurs supports.

Ces grimpantes sont plus exposées que des plantes qui courent sur des murs solides. Il faut donc fixer des fils de fer ou un fin grillage verticalement contre les montants pour leur fournir des supports supplémentaires (voir page 38). Des grimpantes à feuilles caduques, palissées sur une pergola destinée à ombrager une terrasse chaude en été, fournissent un abri idéal, en ne laissant filtrer que quelques rayons de soleil. En revanche des grimpantes à feuillage persistant qui donnent de l'ombre en permanence risquent d'assombrir un intérieur en hiver si elles surplombent des fenêtres.

CI-DESSUS *Cet élégant kiosque de treillages blancs constitue un élément structurel de ce jardin compartimenté. Entièrement couvert de roses sarmenteuses, il attire irrésistiblement le regard.*

A GAUCHE *Cette pergola de bois non traité crée une note verticale et sert de support au rosier 'Rambling Rector'.*

L'ORNEMENTATION DU JARDIN

Les plantes utilisées comme éléments décoratifs

Utiliser des plantes comme point d'intérêt offre le grand avantage d'exiger peu d'entretien : une fois plantées on ne les élague pas pour les laisser révéler leur silhouette naturelle. On peut les choisir pour leur forme spectaculaire, comme le yucca, pour leur port dans le cas d'un arbre comme le mûrier (*Morus nigra*), ou pour la beauté de leur feuillage puissamment denté, comme celui du figuier (*Ficus carica*). Il vaut mieux ne pas trop s'arrêter aux fleurs car elles sont trop éphémères. Il est plus sage de se tourner vers les espèces possédant des baies ou des feuillages et des tiges de couleurs intéressantes car leur attrait est plus durable (voir pages 114-17).

En ce qui concerne les arbres ou les arbustes, on constate qu'un bouquet de trois ou quatre spécimens, par exemple de *Malus floribunda*, plantés relativement proches les uns des autres, offre plus rapidement une masse consistante, en particulier vus de loin, qu'un seul tronc maigrichon qui ne produit guère d'effet pendant plusieurs années. On peut laisser un groupe d'arbustes croître pour former un massif arrondi. Placé sur une pelouse, un bel arbre comme *Catalpa bignonioides*, peut constituer un magnifique ornement, qui fera naître des impressions sans cesse renouvelées au fil des saisons et au cours de sa croissance.

Les formes palissées

Certains arbres supportent d'être vigoureusement taillés et on peut leur faire prendre des formes géométriques très élaborées — comme des haies surhaussées — ou les transformer en éléments d'architecture.

Pour cela, on emploie des pratiques comme l'entrecroisement et l'étêtage. Ces types de palissage ne se font qu'avec des arbres disposés à accepter des traitements extrêmement sophistiqués, essentiellement le tilleul (*Tilia*) et le charme (*Carpinus*), bien que l'on puisse utiliser d'autres espèces (*Malus, Sorbus, Salix*). L'entrecroisement consiste à planter une rangée d'arbres qui sont palissés sur une structure de poteaux et de fil de fer, sur un seul plan, pour produire des troncs verticaux à partir desquels se développent des branches horizontales espacées avec précision pour s'entrecroiser avec les branches de l'arbre voisin (voir ci-dessous). L'étêtage consiste à couper toutes les pousses pour ne laisser que le tronc ou des branches rabattues en forme de moignons qui favorisent la pousse énergique de nouveau tissu ligneux et d'une vigoureuse masse de feuillage. La création de haies surhaussées résulte pratiquement de la combinaison de l'entrecroisement et de l'étê-

Contre une haie de charme (Carpinus betulus) bien développée en arrière-plan, d'autres arbres ont été palissés pour créer une haie surélevée, créant un effet spectaculaire dans un jardin d'aspect formel. Dans la niche de verdure ainsi formée à l'angle des haies, une urne à couvercle est placée sur un piédestal, offrant un point de mire efficace.

L'entrecroisement des arbres

On peut accroître la hauteur d'un mur ou d'une clôture en palissant et en entrecroisant de jeunes arbres au tronc droit. On met en place une armature de fils de fer régulièrement espacés tendus sur de robustes poteaux, que l'on enlève lorsque la construction d'arbres entrecroisés est achevée et suffisamment stable, au bout de huit ans environ. Chaque année, à la fin de l'hiver, on taille les pousses de l'année, en ne laissant que la structure de base faite de lignes verticales et horizontales.

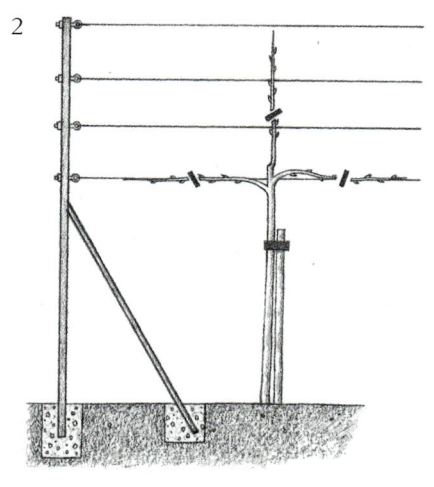

1. Plantez de jeunes arbres et liez-les à des tuteurs. Lorsqu'ils ont atteint la taille souhaitée pour leurs premières branches, coupez l'extrémité des pousses à ce niveau-là en fin d'hiver. Au printemps suivant, les trois derniers bourgeons donnent naissance à une pousse verticale et à deux pousses en-dessous d'elle.

LES ÉLÉMENTS DÉCORATIFS

tage. Les jeunes arbres ont là aussi besoin d'une structure sur laquelle on puisse les palisser mais au lieu de les confiner sur un seul plan, on laisse le réseau de branches supérieures s'étoffer pour former une frondaison parallélépipédique, alors qu'en dessous, la rangée de troncs en forme de pilotis maintient la haie en l'air. On entretient ensuite son apparence en la taillant comme une haie normale.

Ces formes de palissage sont intéressantes quand on a besoin d'une clôture plus élevée pour s'abriter des hautes constructions du voisinage. Surélever un mur ou une palissade peut s'avérer très coûteux, alors qu'une rangée de spécimens entrecroisés est en mesure de former un écran au-dessus d'un beau mur sans le recouvrir, seule une rangée de troncs en forme de piliers étant visible au niveau inférieur.

Résultant elles aussi d'une taille rigoureuse, les créations topiaires sont capables d'offrir de remarquables imitations d'autres structures réelles ou imaginaires, de formes géométriques ou de silhouettes animalières. Les jeux d'ombre et de lumière les dotent d'une vie extraordinaire. On apprécie spécialement les formes topiaires de persistants en hiver, quand elles se dessinent nettement sur le givre ou la neige.

Le houx (*Ilex*), l'if (*Taxus*) et le buis (*Buxus*) se prêtent particulièrement à la réalisation de sujets topiaires. Il s'agit d'un processus lent qui exige beaucoup de patience, car les meilleures réalisations sont bien denses et donc lentes à prendre forme. Quand on crée un modèle, on utilise une armature de fil de fer comme patron ; ces armatures se trouvent dans le commerce ou on peut les réaliser soi-même. Avec l'expérience, on réussit à projeter et à créer graduellement la plupart des formes à l'aide de cisailles tranchantes et d'un sécateur. On part d'une plante touffue qui offre plus de possibilités, mais qui a besoin d'être légèrement taillée à la fin de l'été ; une seconde taille en fin de printemps permet de créer une forme plus précise.

On peut mettre des créations topiaires dans des pots pour disposer d'un solide décor en hiver. Des bacs plantés de belles compositions à floraison de printemps ou d'été accroissent le charme d'un jardin et sont particulièrement bien venus sur une terrasse. En fait on peut en installer partout. En général un grand bac fait meilleure impression qu'un groupe de petits pots ; trois vases de taille décroissante mis ensemble peuvent produire un effet plaisant, mais il faut essayer de constituer des groupes homogènes par le style et le matériau. Une urne ou un vase attrayant en lui-même est encore plus mis en valeur par une belle composition florale. Des paires de bacs plantés de façon semblable offrent une agréable symétrie, surtout quand on les utilise pour souligner une entrée ou une volée de marches.

PETITS ARBRES POUR UN PETIT JARDIN
Amelanchier lamarckii
Crataegus laevigata 'Plena'
Cydonia oblonga
Gleditsia triacanthos 'Rubylace'
Malus floribunda
Mespilus germanica
Morus nigra
Prunus x subhirtella 'Autumnalis'
Pyrus calleryana 'Chantecler'
P. nivalis
Salix purpurea 'Pendula'

---

2. Quand les pousses inférieures ont grandi et pendant qu'elles sont encore souples, liez-les au premier fil de fer. A la fin de l'hiver suivant, rabattez les branches latérales juste après un bourgeon, en ôtant la moitié de la tige, et la pousse verticale à hauteur du second fil pour recommencer le processus.

3. Quand la taille désirée a été atteinte, ôtez la pousse terminale et palissez le dernier étage sur le fil de fer. On rabat chaque année de moitié les nouvelles pousses des 'bras' latéraux pour favoriser un feuillage bien fourni. Les branches latérales des arbres voisins viennent parfois s'y greffer également.

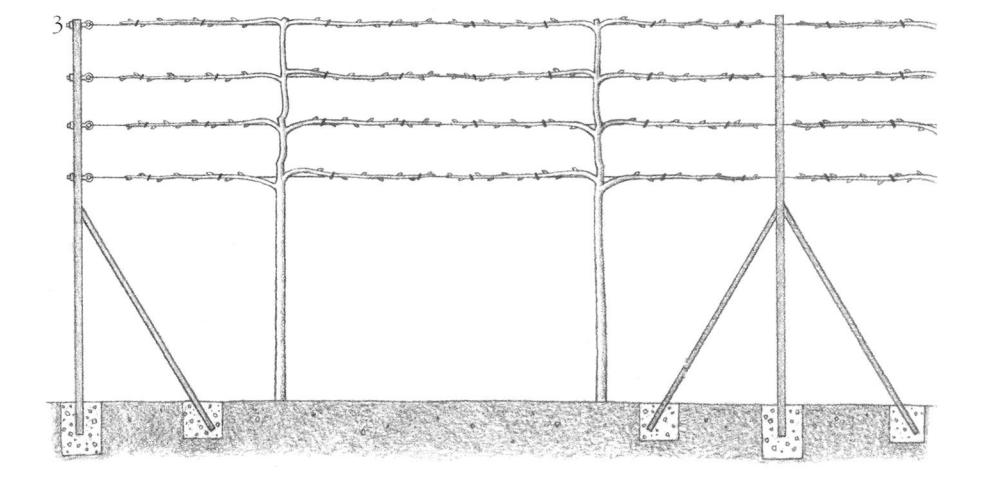

Les éléments revêtus de végétaux

Un arceau de métal au milieu de l'été

Une simple armature de métal qui enjambe une allée marque l'entrée d'une nouvelle partie du jardin. Elle est habillée de vigoureuses grimpantes pour créer une arche de verdure. *Wisteria floribunda* bien taillée, palissée sur le côté droit de l'arche offre le merveilleux spectacle de ses racèmes exceptionnellement longs en début d'été. *Clematis* 'Perle d'Azur' s'allie bien aux feuilles pâles de la glycine lorsque celle-ci a terminé de fleurir : elles font ressortir ses grosses fleurs bleu délavé. *Rosa* 'Sanders White', une sarmenteuse exubérante, recouvre complètement le côté gauche de l'arceau, en déployant ses fleurs d'un blanc pur. Enfin *Solanum jasminoides* 'Album', qui s'enroule délicatement sur le rosier, fournit une éclosion tardive de fleurs blanches étoilées.

Une pergola dispensatrice d'ombre en fin d'été

Une pergola indépendante construite pour fournir de l'ombre doit être abondamment garnie de plantes. On peut planter plusieurs grimpantes pour revêtir chaque montant. Ici, une plante sylvestre, *Rosa longicuspis* s'allie à *Clematis* 'Jackmanii superba' et le chèvrefeuille odoriférant à *Clematis flammula*. Cela prolonge l'attrait de la pergola, diversifie sa parure et permet d'habiller toute la structure d'une végétation exubérante. Mais il vaut mieux planter les grimpantes denses telles que le jasmin et *Clematis rehderiana* seules sur un montant. *Solanum crispum* 'Glasnevin' fournira un saupoudrage de fleurs du milieu de l'été au début de l'automne. La vigne aux feuilles pourpres l'égaiera même quand la pluie aura abîmé toutes les fleurs des rosiers et des clématites.

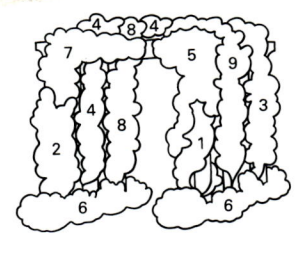

1 *Clematis flammula*
2 *Clematis* 'Jackmanii Superba'
3 *Clematis rehderiana*
4 *Jasminum officinale* 'Variegatum
5 *Lonicera periclymenum* 'Graham Thomas'
6 *Nepeta* 'Six Hills Giant'
7 *Rosa longicuspis*
8 *Solanum crispum* 'Glasnevin'
9 *Vitis vinifera* 'Purpurea'

Un banc au milieu de l'été

Ce banc bien situé, adossé à une haie d'if, est environné de plantes odoriférantes. A ses pieds, une étroite bande dallée permet d'y venir par tous les temps ; du thym étroitement blotti contre le sol, planté dans les fentes entre les dalles, dégage une vive senteur quand on le touche. Deux romarins soulignent l'approche du banc, suivis de lavande et de sauge. Le feuillage doucement parfumé de *Rosa eglanteria* se propage dans l'air pendant les chaudes soirées humides. Au début de l'été, le *Philadelphus coronarius* embaumera irrésistiblement l'atmosphère, suivi au milieu de l'été par *Buddleja alternifolia*. Le fenouil exhale une fragrance de liqueur, surtout quand on le froisse. Les *Lathyrus odoratus* annuels et *Nicotiana sylvestris* répandent leurs senteurs qui se combinent avec le parfum intense de *Matthiola incana*.

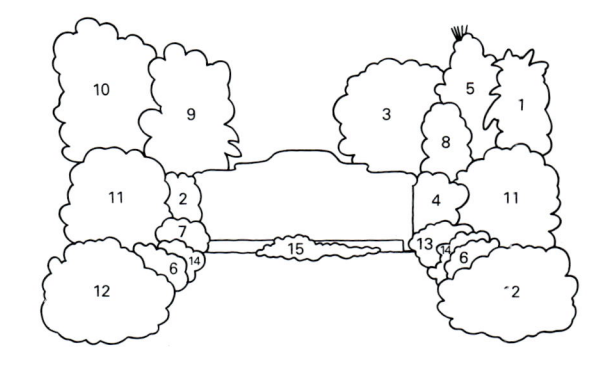

1 *Buddleja alternifolia*
2 *Dictamus albus purpureus*
3 *Foeniculum vulgare*
4 *Geranium macrorrhizum*
5 *Lathyrus odoratus*
6 *Lavandula angustifolia*
7 *Matthiola incana*
8 *Nepeta sibirica*
9 *Nicotiana sylvestris*
10 *Philadelphus coronarius*
11 *Rosa eglanteria*
12 *Rosmarinus officinalis*
13 *Ruta graveolens* 'Jackman's Blue'
14 *Salvia officinalis*
15 *Thymus vulgaris*

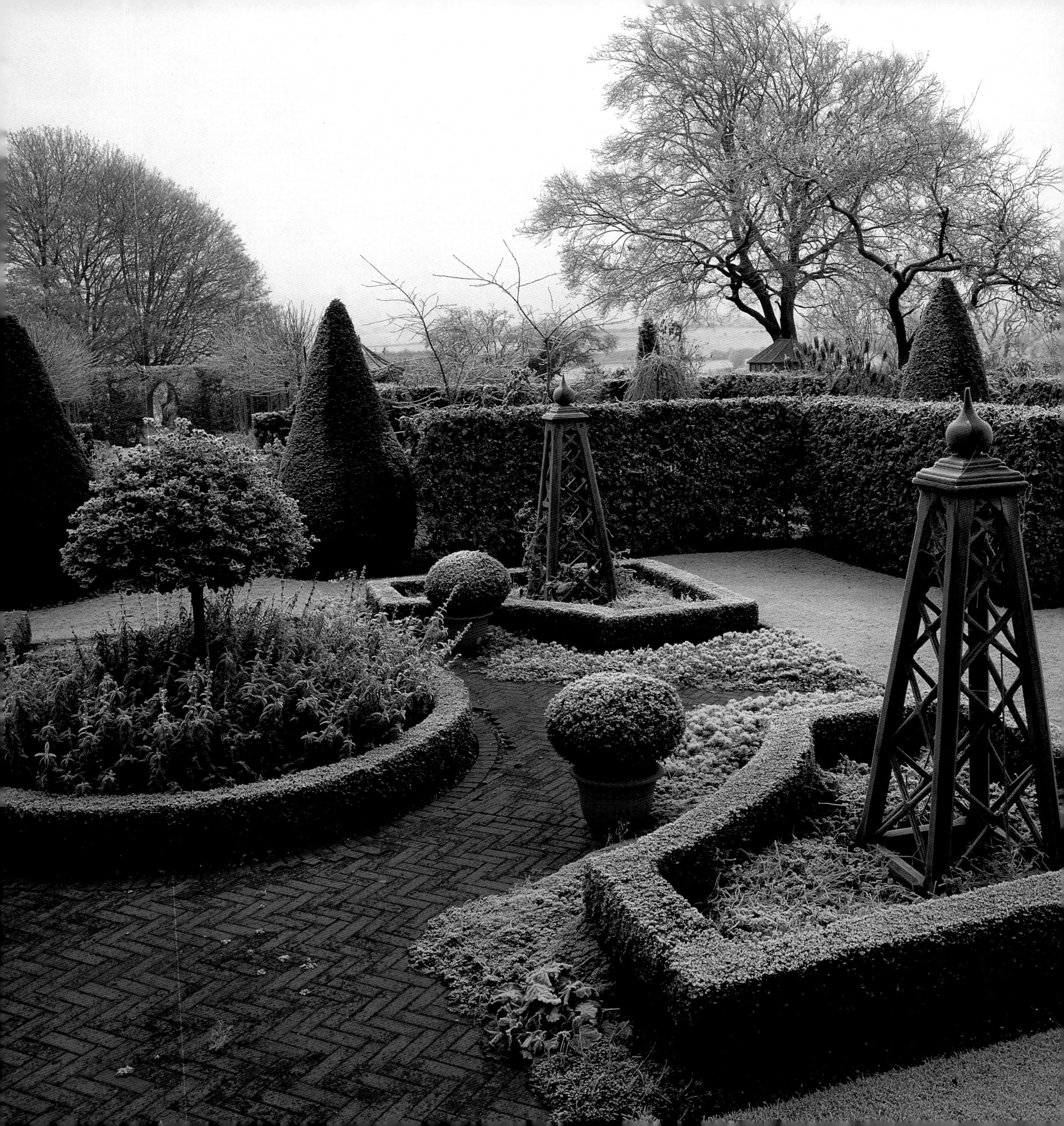

CALENDRIER

Un jardin constitue un kaléidoscope changeant de formes et de couleurs, qui se modifie d'une saison ou d'une année à l'autre. Une fois qu'il a été bien aménagé, son développement harmonieux repose sur un programme de travaux saisonniers, dont l'objet est d'assurer la santé des plantes et de préserver l'agencement général du jardin.

Les solides éléments qui structurent ce jardin sont impressionnants même au cœur de l'hiver. Les ifs sombres (Taxus), les houx taillés (Ilex) et les haies de hêtre (Fagus), légèrement saupoudrés de givre, offrent un contraste de formes et de coloris, alors que les pots, les bancs et les obélisques atténuent l'impression de désolation hivernale.

CALENDRIER

L'hiver

En hiver, le jardin ne doit pas sembler trop morne. Les persistants à petites feuilles, comme le buis (*Buxus sempervirens*) sont beaux, qu'ils soient taillés ou non. Les haies de buis et d'if (*Taxus baccata*) se détachent alors nettement et le lierre (*Hedera*) les éclaire, avec ses nuances de bronze et de pourpre. Le houx (*Ilex*) et le laurier du Portugal (*Prunus lusitanica*) confèrent également un charme particulier au jardin, grâce à leurs feuilles de formes et de coloris variés. Certaines espèces fleurissent en hiver, comme *Sarcococca*, qui produit de petites fleurs blanches parfumées en milieu d'hiver et les mahonias dont le beau feuillage s'associe à des fleurs très odoriférantes en fin d'hiver.

L'hiver est le moment de s'attaquer à des tâches impossibles à accomplir à d'autres moments, comme transplanter de grands végétaux bien établis sans risque, — ils sont en période de dormance et ne risquent pas de s'assécher — ou restaurer une surface de graviers.

Entretien

- Par beau temps, peignez ou traitez tous les éléments de maçonnerie ou de métal exposés, à l'aide de produits non toxiques.
- Faites réviser votre tondeuse à gazon.
- Taillez les pousses de l'année précédente des arbres, arbustes et grandes grimpantes pour obtenir une structure bien ramifiée. Vaporisez tous les arbres fruitiers d'un bain d'huile de goudron, alors que les bourgeons sont encore dormants. Effectuez les opérations d'entrecroisement et d'étêtage (voir pages 98-99).
- Taillez les rosiers : ôtez le bois mort et malade, deux ou trois vieilles tiges pour stimuler la croissance à partir de la base et les pousses en surnombre. Raccourcissez les pousses florifères pour provoquer l'apparition de nouvelles pousses et de bourgeons.
- Rabattez les glycines et les vignes, dont on a

Les tiges rouge vif de *Cornus alba* se détachant sur les conifères sombres confèrent un attrait indéniable à ce jardin en hiver.

déjà réduit de moitié les pousses de l'année en milieu d'été, à deux bourgeons au-dessus des pousses de l'été précédent.
- Taillez les arbustes qui fleurissent en fin d'été : hortensias, buddléias, *Perovskia*, *Caryopteris*...
- Taillez les clématites à floraison d'été et d'automne. Enlevez toutes les pousses au-dessus de la dernière paire de beaux bourgeons. Les clématites hybrides à grandes fleurs apprécient également d'être rafraîchies en hiver : on réduit de moitié la longueur des pousses de la saison précédente afin de leur permettre de fleurir avant l'élagage d'été.
- Nettoyez les pelouses à l'aide d'un râteau ou d'un balai à gazon.
- Déblayez les feuilles accumulées dans les coins. Laissez en paix les hérissons en train d'hiberner — au printemps ils vous débarrassent d'un grand nombre de limaces et d'escargots.
- Quand la température se situe autour de 0°, fixez des toiles de jute ou même de vieux draps autour des bacs et des ornements de pierre poreuse ou de terre cuite, même si l'on vous a garanti qu'ils résistaient au gel.
- Au milieu de l'hiver, en particulier quand on prévoit des froids intenses, enveloppez de jute ou d'un filet de protection les troncs des arbustes délicats pour les préserver du gel.
- Faites tomber la neige amoncelée sur les branches des arbres et des arbustes.

Travaux de plus grande envergure

- C'est le bon moment pour arracher une vieille haie et en planter une nouvelle. Creusez une tranchée des deux côtés de la haie, en vous servant d'une hache pour sectionner toutes les grandes racines étendues.
- Enlevez tous les arbustes et les petits arbres devenus trop grands pour leur emplacement ou sur le déclin. Creusez tout autour un trou assez profond pour y tenir, puis extrayez le petit arbre ou l'arbuste au moyen d'un levier, en faisant pression par en-dessous.
- Par temps sec, bêchez sommairement les parterres vides et les nouvelles plates-bandes pour permettre à la pluie et au givre de briser les mottes pour en faire une fine couche arable. Incorporez-y en même temps des matières organiques volumineuses, comme du compost de jardin ou du fumier bien décomposé.
- Enlevez la partie superficielle des graviers salis par la boue et par conséquent envahis de mauvaises herbes, en les raclant avec une pelle, puis remplacez-la par du gravier frais. Utilisez ces 'déchets' débarrassés des mauvaises herbes pour améliorer le drainage ; on les introduit avec des matières organiques à une profondeur d'environ 30 cm.
- Ôtez les lichens, les algues et la mousse des dallages. Un tuyau d'arrosage à haute pression les enlève pour la plus grande part, mais pour s'en débarrasser entièrement, vaporisez-les d'huile de goudron.

HIVER / PRINTEMPS

Le printemps

La croissance des plantes couvre-sol ou des grimpantes adoucit rapidement les lignes sévères du jardin en hiver. Les couronnes impériales (*Fritillaria imperialis*) sortent prudemment du sol en train de se réchauffer, en exhalant la forte senteur de leurs feuilles encore fermées. Les chatons suspendus aux drageons de noisetier déversent une pluie de pollen sur leurs petites fleurs femelles rouges. *Lathyrus vernus* forme des touffes de pousses parsemées de fleurs roses et pourpres. Des bisannuelles, comme le chardon-aux-ânes (*Onopordum acanthium*), l'onagre (*Oenothera biennis*), *Silybum marianum*, la digitale (*Digitalis purpurea*) et la molène (*Verbascum olympicum*) entrent en végétation et commencent à produire de jolies feuilles.

Les pelouses, restées en dormance et humides pendant l'hiver, commencent à se reprendre et les zones remplies peu de temps auparavant de narcisses, de crocus et d'anémones vont rapidement se recouvrir d'herbe ; ne tondez pas avant que les feuilles des bulbes ne soient fanées. Dans les parterres, d'autres bulbes font leur apparition, comme l'allium avec ses globes pourpres, mauves ou plus rarement blancs ou jaunes, et des quamash, avec leurs épis de fleurs étoilées bleues ou crème.

Quand une profusion d'arbustes à fleurs fait étalage de couleurs éblouissantes, ils marquent la fin du printemps où prédominent d'ordinaire les tons frais du jaune et du vert. Ainsi le lilas (*Syringa vulgaris*) adulte offre une magnifique composition florale pendant plusieurs semaines.

Avec l'atmosphère qui se réchauffe, c'est le bon moment pour entreprendre les travaux d'aménagement comme poser un dallage, restaurer un mur de soutènement ou, au début du printemps, procéder à la phase finale de préparation et d'installation du gazon.

Un Prunus *'Kanzan' fleuri au printemps et un* Pieris *aux jeunes feuilles brillantes et aux fleurs blanches égaient cette simple cour.*

Entretien

Administrez à titre préventif un herbicide à action prolongée, pour empêcher les mauvaises herbes d'envahir les allées et les accès carrossables.

- Au début du printemps, rabattez les arbustes cultivés pour leurs tiges colorées comme le cornouiller (*Cornus alba*) et le saule (*Salix alba*) juste au-dessus du sol, en leur laissant seulement deux bourgeons de l'année en cours. Cela leur permet de repousser avec vigueur et d'arborer une belle couleur l'hiver suivant.
- Taillez les arbustes à floraison précoce comme le forsythia, le jasmin d'hiver (*Jasminum nudiflorum*) et le groseillier florifère (*Ribes*). Enlevez une partie du matériel florifère, mais conservez la forme d'ensemble de la plante.
- Administrez aux parterres d'arbustes et d'herbacées un engrais de couverture équilibré pour leur donner un complément d'éléments nutritifs qui les aidera au moment où la croissance est particulièrement rapide.
- Répandez un fin paillage de matière organique sur les parterres de fleurs permanents, quand le sol est humide.
- Soutenez les vivaces herbacées de grande taille ou à tige fragile telles que les pieds d'alouette au début de leur croissance. Assurez vous qu'elles sont attachées de manière assez lâche pour pouvoir croître correctement.
- Vers la fin du printemps, restaurez la forme des sujets topiaires de buis. Cela leur permet de croître de façon serrée et dense. Taillez- les à nouveau à la fin de l'été (voir page 99).
- La croissance des jeunes pousses de clématites est rapide ; empêchez-les de s'emmêler en les aérant et en maintenant en place séparément les différentes tiges. Faites de même pour le houblon doré (*Humulus lupulus* 'Aureus'), le chèvrefeuille (*Lonicera*), le pois de senteur perpétuel (*Lathyrus*) et toutes les tiges tendres des grimpantes à croissance rapide.

Travaux de plus grande envergure

- Remplacez le jointoiement des murs et des dallages qui ont perdu leur mortier pendant l'hiver (voir page 36 et 68).
- Au printemps, on doit beaucoup s'occuper de la pelouse. Il faut retailler les bordures à l'aide d'un instrument en demi-lune, regazonnez ou ressemer les bords abîmés et les points dégarnis, Commencez à fertiliser, à désherber et à détruire la mousse, en particulier dans un endroit pluvieux et humide. Arrosez bien la pelouse en fin de printemps s'il a fait un peu sec. A partir de ce moment-là, vous devrez la tondre régulièrement, parfois même deux fois par semaine (voir page 85).
- Les pousses à croissance rapide peuvent facilement être endommagées par le vent et la pluie et il est donc important de les attacher régulièrement sur des supports de fils de fer, de treillis ou de grillage.

CALENDRIER

L'été

Les arbres sont désormais revêtus de feuilles vert pâle ; même le noyer (*Juglans*) et le mûrier (*Morus*) se réveillent à contrecœur pour couvrir leurs branches dépouillées. Les haies à feuilles caduques qui forment juste un léger écran à claire-voie durant l'hiver deviennent de solides barrières, capables d'altérer les dimensions, la perspective et même les sons.

Les tonnelles, pergolas et treillis croulent sous une végétation exubérante. Les murs se métamorphosent en barrières fleuries. Les parterres d'herbacées voient certaines plantes (*Acanthus*, *Delphinium*, *Crambe*) lutter pour l'espace, alors que les plantes installées en bordure commencent à empiéter sur les allées. Les pots commencent à regorger d'espèces à floraison d'été comme *Verbena*, *Diascia*, *Argyranthemum* et *Pelargonium*. L'apogée de l'été est souligné par les pavots d'Orient (*Papaver orientale*) violemment et effrontément colorés et ébouriffés. Il faut toujours les placer au fond des parterres, car ils se fanent et à disparaissent très tôt. Le rosier de Banks (*Rosa banksiae* 'Lutea') à croissance rapide, à floraison précoce mais légèrement délicat, produit ses bouquets de petites fleurs jaune pâle.

Entretien

- Vaporisez les rosiers au moins tous les quinze jours jusqu'à l'automne, pour les protéger des pucerons, des taches noires et de l'oïdium. On les vaporise une première fois après les avoir taillés en début de printemps, pour s'assurer qu'ils soient sains au commencement de la période végétative. Ajoutez quelques gouttes de détergent liquide pour que l'insecticide agisse bien sur les pucerons.
- Versez tous les quinze jours un engrais liquide dans tous les pots garnis de plantes. On peut également le faire pour renforcer les arbustes, les herbacées et les jeunes arbres.

*En plein été, les rayons du soleil filtrés par la frondaison d'un mûrier (*Morus nigra*), donnent naissance à des ombres diaprées.*

- On doit couper les membres morts des arbres à ce moment de l'année.
- Tondez la pelouse deux fois par semaine quand il fait chaud et humide, éliminez les mauvaises herbes à l'aide d'un herbicide sélectif et fertilisez-la avec du sulfate d'ammoniaque.
- Otez les fleurs fanées, sauf celles qui possèdent de belles capsules de graines (pavots, alliums, rosiers portant des fruits).
- Attachez les longues pousses pleines de sève des grimpantes vigoureuses qui risquent d'être endommagées par les orages d'été. Les rosiers grimpants, les *Solanum*, les vignes, et les *Rubus* doivent être maniés avec soin. Quand on attache une pousse, il faut la positionner du premier coup et l'attacher bien solidement.
- Vérifiez les liens des végétaux à croissance rapide. En cette saison, la circonférence des jeunes arbres tuteurés se développe rapidement et des liens trop serrés risquent de blesser le tronc ou la tige principale.
- Continuez à tuteurer les grandes herbacées.
- Otez les capsules de graines trop mûres qui ont tendance à se propager trop généreusement.
- Taillez les clématites qui ont fleuri au printemps, par exemple *C. alpina*, *C. macropetala* et *C. montana*. Rabattez les pousses latérales florifères à deux ou trois bourgeons de la structure d'origine dès que les fleurs ont fané, pour encourager les nouvelles tiges en train de se former. Il vaut mieux tailler soigneusement les espèces très vigoureuses avec des cisailles pour supprimer les pousses excédentaires plutôt que les laisser se transformer en une masse enchevêtrée. Les clématites hybrides à grandes fleurs taillées en hiver doivent l'être à nouveau lorsqu'elles ont fleuri, pour réduire le nombre total de pousses. Cela encourage les tiges rabattues à produire une nouvelle structure, permettant ainsi de renouveler l'ensemble de la plante en quelques années. Les jeunes pousses nées après une taille en milieu ou en fin d'été donnent souvent un afflux de fleurs en automne.

Travaux de plus grande envergure

- En période de chaleur extrême ou prolongée et de sécheresse, il est extrêmement important d'arroser les parterres de fleurs. Les tuyaux qui distribuent l'eau goutte à goutte à travers de petites perforations sont beaucoup plus efficaces que les arroseurs aériens.
- Les grimpantes vigoureuses comme la vigne et la glycine exigent d'être taillées en été ; on réduit la longueur des nouvelles pousses de moitié ou des trois quarts, pour que le pied principal soit plus aéré.
- Taillez les arbustes à floraison précoce, (y compris *Philadelphus*, *Deutzia*, *Kolwitzia* et *Weigela*), dès que leurs pétales commencent à tomber. Otez un tiers des rameaux les plus anciens pour favoriser la pousse de jeunes pousses vigoureuses à partir de la base. Enlevez tout le bois mort ou abîmé.

L'automne

Cette saison de transition est connue pour ses extrêmes : certaines des journées les plus chaudes et les plus sèches de l'année se situent au début de l'automne, mais il s'achève fréquemment par de fortes pluies ou du givre. On peut alors tranquillement transplanter les plantes. Car même quand il pleut, le sol est resté suffisamment chaud pour favoriser le développement de nouvelles racines avant l'approche de l'hiver.

Vers la fin de l'automne, les pépiniéristes sont très bien achalandés et il n'y a pas de meilleur moment pour planter des arbres ou des arbustes. Ils profitent alors des pluies d'hiver, puis du printemps, ce qui leur fait prendre un bon départ. Si vous ne pouvez pas mettre en place sur le champ les plantes que vous avez achetées, mettez-les inclinées dans un grand récipient rempli de terre ou de mélange de rempotage, dans un endroit abrité, jusqu'au moment de les planter. En revanche, de très petits végétaux doivent d'abord être mis en pot et placés dans un châssis froid ou une serre froide en attendant qu'ils aient produit suffisamment de racines et soient devenus assez grands pour être en mesure d'être mis en terre.

L'automne ne doit pas donner l'impression d'une décadence après l'été. Les coloris des feuilles et des baies peuvent alors être aussi attirants que les fleurs. De nombreuses espèces de sorbiers (Sorbus) et de pommiers d'ornement (Malus), produisent alors des fruits spectaculaires, en particulier Sorbus 'Joseph Rock' et Malus 'Red Sentinel'. Pour ce qui est de la couleur des feuilles, l'aubépine (Crataegus lavallei) offre un magnifique déploiement de rouge associé aux bouquets de baies oranges qui persistent tout l'hiver. Amelanchier lamarckii a des fruits cramoisis, qui deviennent d'un rouge profond en mûrissant, alors que ses feuilles virent à l'orange puis au rouge. Certaines

Un poirier (Pyrus) *bien palissé exhibe ses splendides feuilles rousses d'automne contre un mur de belles briques patinées.*

plantes grimpantes (*Pyracantha, Cotoneaster, Celastrus, Actinidia deliciosa, Vitis coignetiae*), peuvent égayer les palissades, les murs et la maison elle-même de leurs magnifiques fruits.

Entretien

● Commencez à ratisser les feuilles au début de la saison. Ajoutez-les au tas de compost ou stockez-les à part pour obtenir du terreau de feuilles. Les meilleures sont celles de hêtre et de chêne, mais celles de châtaignier et de sycomore sont lentes à se décomposer. Disposez de fins filets sur les bassins pour pouvoir enlever les feuilles plus facilement.

● Plantez les bulbes rustiques le plus tôt possible pour les empêcher de se déshydrater.

● Otez les plantes saisonnières délicates des bacs, en les remplaçant par des espèces rustiques résistantes, des bulbes et des plantes prévues pour éclore au printemps.

● Vérifiez que les supports des grimpantes sont assez solides pour supporter leur accroissement de volume avant le début de l'hiver.

● Plantez les arbres et arbustes à feuilles persistantes en milieu ou en fin d'automne. Certains peuvent avoir besoin d'être protégés par un fin filet de plastique ou du jute enroulé autour d'eux pour survivre à leur premier hiver. On installe le plastique ou le jute sur une armature de bambou pour que la plante puisse respirer.

● Protégez les plantes à feuilles caduques dont la rusticité n'est pas vraiment avérée avec de la fibre de coco répandue à leur pied ou avec un abri fait de baguettes de bambou et de toile de jute — qui couvre toute la plante si elle est petite, ou juste un fourreau de jute pour envelopper la base d'une plante plus imposante.

● On effectue la taille principale des formes topiaires de buis (*Buxus sempervirens*) au début de l'automne pour leur restituer leur forme originelle. Si on les a taillées en début d'été, une légère coupe suffit.

● Commandez des quantités suffisantes de matière organique pour les bêchages d'hiver — l'idéal serait d'utiliser du fumier de ferme ou du terreau de champignon.

Travaux de plus grande envergure

Otez au moins un tiers du bois vert des grands rosiers dont le sommet semble trop lourd pour éviter les dommages que peut causer le vent.

● Contrôlez la solidité des tuteurs et attachez les jeunes arbres pour éviter les accidents durant les tempêtes d'automne.

● Restaurez la pelouse pour rectifier les bosses, les creux et les bordures abîmées (voir p. 84). Il faut les ratisser pour enlever l'herbe morte, les aérer, puis les enrichir avec un substrat spécial à base de terreau. En milieu d'automne, on crée les nouvelles pelouses en semant un mélange de graines ou en implantant des plaques de gazon.

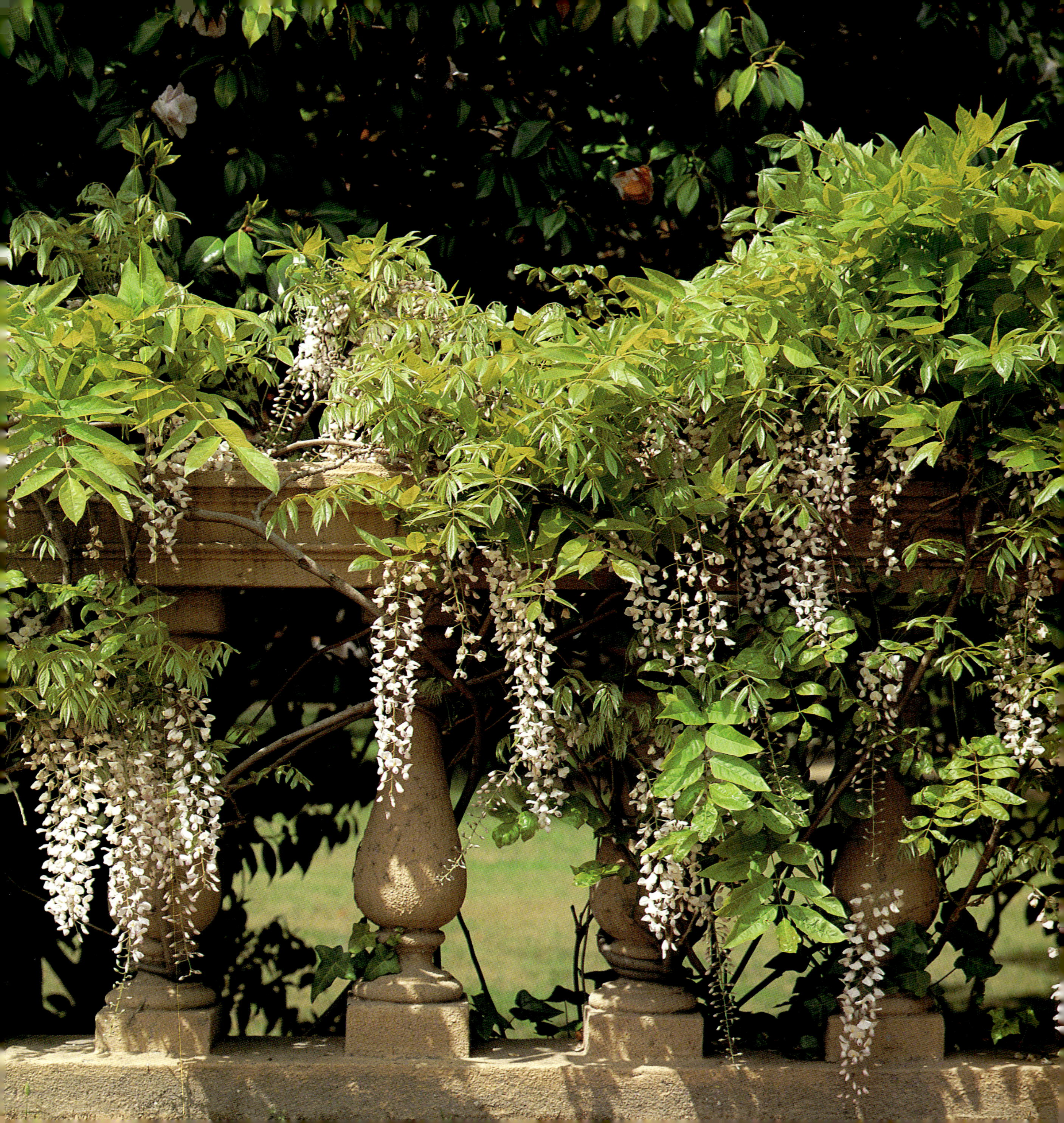

CHOIX DE PLANTES

Au risque de négliger certaines espèces unanimement célébrées, j'ai limité mon choix aux plantes qui présentent des vertus multiples permettant de les utiliser de mille façons diverses. J'ai accordé autant d'importance aux feuillages qu'aux fleurs, car la plupart des végétaux ne fleurissent guère plus de deux ou trois semaines par an, alors que des feuilles finement dessinées ou profondément dentelées, épaisses ou délicates, conservent leur attrait pendant tout l'été — ou toute l'année s'il s'agit d'espèces persistantes.

Cette belle balustrade classique s'orne de longues grappes élégantes de Wisteria *floribunda 'Alba'. On a laissé la glycine envahir librement la balustrade. Même lorsqu'elle n'est pas en fleurs, son joli feuillage vert clair panaché et son exubérance mettent en valeur les murs et autres éléments architecturaux ; en hiver son écorce gris argenté est également très décorative.*

CHOIX DE PLANTES

Prises individuellement, toutes les espèces présentées ici peuvent se suffire à elles-mêmes. Dans la majorité des cas, il s'agit de plantes qui intègrent bien les surfaces en dur et les espaces plantés, qui opposent leur puissante architecture au profil plutôt statique des pelouses et des parterres, ou qui atténuent la rigidité des dallages ou des murs d'enceinte. Il faut toujours se rappeler que l'art de bien planter réside dans la combinaison de végétaux qui se complètent et se mettent réciproquement en valeur. Sur un plan plus pratique, l'extension de chaque espèce doit être compatible avec celle de ses voisines si l'on veut qu'elles cohabitent harmonieusement — les initiales 'H' et 'E' désignent ci-dessous respectivement la hauteur et l'extension. Il faut également veiller à ce que des plantes mises ensemble aient des goûts communs en ce qui concerne le type de sol et la quantité de soleil qui leur conviennent.

Crambe cordifolia

Les plantes de parterres

Convolvulus elegantissimus

Convolvulus a une fâcheuse réputation due aux liserons pernicieux, membres de la même famille. Mais les tendances envahissantes de certaines charmantes espèces peuvent aider à homogénéiser un parterre. *C. elegantissimus* est l'une des plus belles ; si le sol et l'emplacement lui conviennent, il peut occuper toute une plate-bande. Il apparaît au printemps, ses tiges argentées serrées se multipliant rapidement pour former des feuilles vert-argent très dentelées. Comme c'est le cas des autres *Convolvulus*, ses pousses à croissance rapide s'enroulent autour des supports les plus inattendus. Les boutons de fleurs à l'aspect chiffonné s'ouvrent en été en forme de splendides longs entonnoirs rose bonbon. Avec des plantes à feuilles couleur de bronze, les pousses argentées de *Convolvulus* unifient le parterre et ses fleurs de couleurs vives égaient les feuillages.

Dimensions H : jusqu'à 1,20 m ; E : jusqu'à 1,80 m en 2 ans. **Exposition** Plein soleil. **Rusticité** Variable ; nécessite une certaine protection. **Sol** bien drainé, léger, chaud. **Voisines conseillées** *Salvia officinalis* 'Purpurascens', *Rosa glauca*, *Berberis thunbergii* 'Rose Glow', *Hebe pinguifolia* 'Pagei'.

Crambe cordifolia

Rares sont les plantes herbacées qui peuvent rivaliser avec le dynamisme et l'aspect spectaculaire de *C. cordifolia*. Il semble surgir du néant au milieu du printemps et en quelques semaines de grosses feuilles lisses pointent du sol nu. Ses petites fleurs d'un blanc pur, au cœur jaune-vert, s'ouvrent au début de l'été. Leur aspect vaporeux permet de voir à travers, comme s'il s'agissait d'un voile et c'est ce qui permet d'utiliser une plante aussi grande en avant d'un parterre.

Dimensions H : jusqu'à 2,2 m ; E : jusqu'à 1,5 m. **Exposition** Plein soleil. **Rusticité** Totale. **Sol** Bien drainé, fertile. **Voisines conseillées** Pieds d'alouette bleus, *Thalictrum aquilegiifolium* mauve, *Onopordum acanthium*, *Verbena bonariensis*.

Eryngium giganteum
(Panicaut)

Eryngium giganteum est une bisannuelle qui propage librement ses graines. Sur un espace couvert de gravier ou une terrasse dallée, il réussit à se faufiler dans la plus étroite des fissures pour y germer et y prospérer, appréciant spécialement les substrats à drainage rapide. Ses magnifiques inflorescences argentées en forme de chardon durent tout l'été et une partie de l'automne, jusqu'à ce que la pluie finisse par faire roussir les tiges. Planté avec des pivoines, des lupins, des pieds d'alouette ou des rosiers arbustifs, il offre un spectacle splendide, qui renforce l'effet d'ensemble d'un parterre.

Dimensions H : 60 cm ; E : 25 cm. **Exposition** Plein soleil. **Rusticité** Totale. **Sol** Bien drainé. **Voisines conseillées** *Sisyrinchium striatum*, *Nepeta nervosa*, *Borago pygmaea*.

Eupatorium maculatum
'Atropurpureum'

En fin d'été, lorsque la plupart des herbacées sont sur le déclin, cette vivace à la vie longue constitue un apport de poids. Apparaissant tardivement au printemps, ses hautes pousses en forme de lance grandissent peu à peu au cours de l'été. Ses corymbes plats d'un pourpre rosé qui attirent les papillons et les abeilles s'ouvrent à l'extrémité de chaque tige. Leur coloris est en harmonie avec la fin de l'été, alors que les couleurs des fleurs tendent à s'intensifier et que les tons roux commencent à faire leur apparition parmi les pavots et les *Persicaria*. Leur coloris sera en harmonie avec les autres espèces à floraison tardive dans un parterre d'herbacées et ils ressortent très bien sur des feuillages couleur de bronze et teintés de rose. Dans un site exposé, il est parfois nécessaire de les tuteurer, mais c'est inutile dans un endroit abrité, car cela dépare leur silhouette gracieuse.
Dimensions H : 1,20-1,50 m ; E : 60 cm. **Exposition** Ensoleillée ou semi-ombragée. **Rusticité** Totale. **Sol** Bien drainé, profond, riche. **Voisines conseillées** *Verbena bonariensis*, *Aster novae-angliae* 'Andenken an Alma Potschke', *Cotinus coggygria* 'Royal Purple', *Rosa glauca*, *Salix purpurea* 'Nancy Saunders'.

Gaura lindheimeri

Peu de plantes possèdent la grâce et l'élégance de *G. lindheimeri*, mais son principal attrait est qu'elle débute sa délicate croissance laineuse en automne, à un moment où la concurrence des couleurs et des formes est assez réduite. C'est une vivace herbacée à faible longévité ; dans les endroits les plus doux et les mieux drainés elle produit de longues branches fines revêtues de feuilles semblables à celles du saule. Ses fleurs blanches teintées de rose ressemblent à des papillons, s'agitant à la moindre brise. Au centre d'un parterre d'herbacées fleurissant plus tôt, elles apportent une note fraîche et aérienne jusque tard dans la saison.
Dimensions H : 75 cm ; E : 60 cm. **Exposition** Plein soleil. **Rusticité** Modérée ; leurs chances de survie s'accroissent si elles sont protégées par des branches de conifères. **Sol** Bien drainé, assez pauvre. **Voisines conseillées** *Hydrangea arborescens* 'Annabelle', *Hosta plantaginea grandiflora*, *Anemone x hybrida* 'Alba' et 'Louise Uhink', *Nerine bowdenii*, *Colchicum speciosum album*.

Molène voir *Verbascum*

Paeonia
(Pivoine)

Les pivoines arbustives ou herbacées, restent peu de temps en fleurs, néanmoins elles exhibent un joli feuillage pendant tout le reste de l'été et leur silhouette d'ensemble en fait un élément de choix dans un point clé d'une plate-bande mixte. Les belles feuilles panachées de *P. suffruticosa* sont mouchetées de rouge-rosé, en particulier quand elles s'ouvrent au début du printemps. *P. delavayi ludlowii* présente une très riche texture. Du début de sa floraison en fin de printemps, à

Paeonia suffruticosa

Les plantes qui se répandent au-delà de la bordure d'une plate-bande mettent puissamment en valeur un espace dallé, tout en contribuant, avec leurs voisines, à préserver le charme du parterre au cours de l'année.

l'automne, elle conserve son magnifique feuillage vert clair. Ses tiges sont plus robustes que celles de *P. suffruticosa* qui peut avoir besoin d'être légèrement tuteurée. Plantées avec de grands rosiers-buissons globuleux, les deux espèces offrent un contraste bienvenu de feuillage et de forme.
Dimensions H : 1,50-1,80 m ; E : 1,20-1,50 m. **Exposition** Ensoleillée ou semi-ombragée. **Rusticité** Totale. mais les gels tardifs peuvent endommager les jeunes feuilles et les boutons de fleurs. **Sol** Tous les bons sols

CHOIX DE PLANTES

Perovskia atriplicifolia

l'été. Le plus répandu, est le cultivar orange 'Allegro', au charme un peu criard mais amusant quand on l'utilise pour créer un violent contraste avec des pieds d'alouette bleus et des géraniums bleu-violet. Mon favori, 'Avebury Crimson' et le grand 'Beauty of Livermere' présentent les coloris les plus saisissants — un rouge brillant avec des marbrures noires.
Dimensions H et E : 45-90 cm. **Exposition** Plein soleil. **Rusticité** Totale. **Sol** Bien drainé, fertile. **Voisines conseillées** avec les *P. orientale* 'Avebury Crimson et 'Beauty of Livermere' : pieds d'alouette bleu profond, *Anchusa azurea* 'Lodden Royalist'.

Perovskia atriplicifolia 'Blue Spire'

Ce petit arbuste prospère dans des endroits chauds et secs. Le 'Blue Spire' est sa forme la plus répandue, avec ses feuilles dentelées vert-argenté et ses hautes tiges dressées, couvertes d'un duvet blanc argenté. Ces pousses croissent et se ramifient pendant tout l'été et se couvrent pendant plusieurs semaines en fin d'été de petites fleurs bleu-lavande. Cette plante exhale une senteur agréable quand on la frôle.
Dimensions H : 120 cm ; **E :** 90 cm. **Exposition** ensoleillée. **Rusticité** Totale. **Sol** Bien drainé, pauvre, pierreux. **Voisines conseillées** *Santolina, Lavandula, Centranthus, Salvia officinalis* 'Purpurascens', *Cistus*.

Persicaria

Les persicarias sont d'inappréciables vivaces herbacées. Elles ont toutes une croissance rapide, même si certaines ne dépassent pas la taille de 10 cm alors que d'autres peuvent atteindre plusieurs mètres. Les coloris de leurs fleurs vont du blanc à différentes nuances de rose et de rouge. *P. affinis* 'Donald Lowndes' forme des tapis bien soignés couvrant largement le sol et, du milieu de l'été à l'automne, produit de courts épis de fleurs roses qui virent ensuite au rouge. *P. amplexicaulis* 'Atrosanguinea' forme une plante plus ramifiée, d'environ 120 cm de haut, avec de très petites fleurs cramoisies à la fin de l'été et en automne. *P. bistorta* 'Superba' est une belle plante, qui fleurit en début d'été sur de minces tiges, au dessus d'une touffe de feuilles compactes. Ses hampes de 90 cm de haut sont couronnées par un épi de minuscules fleurs rose clair qui durent pendant plusieurs semaines. **Exposition** Apprécie particulièrement un endroit frais et semi-ombragé. **Rusticité** Totale en général. **Sol** Humide ; *P. affinis* pousse sur un talus ou un parterre sec. **Voisines conseillées** avec *P. bistorta* 'Superba' : *Digitalis purpurea, Aquilegia* roses et mauves, alliums comme *Allium aflatunnense* 'Purple Sensation', *A. christophii, A. cyaneum*.

Pigamon voir *Thalictrum*
Pivoine voir *Paeonia*

Salvia sclarea turkestanica

Cette bisannuelle est merveilleuse à tous points de vue. Elle est particulièrement indiquée pour étoffer les parterres herbacés. Ses pâles fleurs mauves et blanches, mises en valeur

Voisines conseillées avec le *P. suffruticosa* : *Tulipa* 'China Pink' ; avec le *P. delavayi ludlowii* : *Tulipa* 'West Point'.

Panicaut voir *Eryngium giganteum*

Papaver
(Pavot)

Tous les pavots sont éphémères, mais leur éclair fugace de couleur vibrante illumine les parterres. Les annuelles comme *P. commutatum, P. rhoeas* et *P. somniferum* se propagent eux-mêmes allègrement parmi les autres plantes ; leurs fleurs, aux tissus extrêmement ténus, durent en général un seul jour, mais ils ont d'ordinaire une profusion de boutons de fleurs pour que leur spectacle dure au moins une quinzaine de jours. Le pavot d'Orient, *P. orientale*, est une vivace herbacée, avec des fleurs d'une taille considérable pendant tout

LES PLANTES DE PARTERRES

par des bractées roses et blanches, offrent une composition colorée harmonieuse en milieu d'été. Quand on la froisse, elle exhale un parfum désagréable, et il est préférable de la planter dans un endroit où l'on ne risque pas de la frôler.
Dimensions H et E : 90 cm. **Exposition** Plein soleil. **Rusticité** Des hivers très rudes peuvent abîmer ses rosettes et il faut donc les protéger à l'aide d'une natte ou de paille. **Sol** Assez bien drainé, fertile. **Voisines conseillées** *Campanula lactiflora, Delphinium, Nepeta sibirica, Rosa* 'Fantin Latour'.

Thalictrum
(Pigamon)

Le pigamon fournit une note verticale. Les teintes discrètes de ses feuilles et de ses fleurs l'assortissent à la plupart des compositions colorées. *T. aquilegiifolium* produit un bouquet de jolies feuilles gris-vert au début du printemps, à partir duquel s'élèvent des tiges qui peuvent atteindre une hauteur de 120 cm, surmontées par des panicules de fleurs pelucheuses mauves ou lilas en début d'été. *T. flavum glaucum* pousse à partir d'un bouquet de feuilles gris-étain et ses tiges atteignent 1,50 m. Les pâles fleurs duveteuses jaune-sulfureux sont toutes regroupées.
Exposition Ensoleillée ou semi-ombragée. **Rusticité** Totale. **Sol** Tout sol de jardin normal. **Voisines conseillées** avec *T. aquilegiifolium* : *Sambucus nigra* 'Purpurea', *Berberis thunbergii* 'Atropurpurea', *Cotinus coggygria* 'Royal Purple', *Foeniculum vulgare* 'Purpureum', *Clematis recta* 'Purpurea' ; avec *T. flavum glaucum* : *Aconitum*, pieds d'alouette bleus, *Euphorbia characias wulfenii, Bupleurum fruticosa*.

Verbascum
(Molène)

Les fines graines de molène peuvent s'insinuer dans les endroits les plus imprévus. *V. phoeniceum* est une bisannuelle élégante et charmante, dont la tige verticale rigide atteint 90 cm ; elle se couvre pendant plusieurs semaines de petites fleurs blanches, teintées de rose au revers. *V. olympicum*, bisannuelle également, possède en plus l'attrait de ses feuilles et de ses tiges argentées et feutrées. La hampe florifère peut atteindre 2,20 m et les petites fleurs d'un jaune délicat s'ouvrent, sur plusieurs semaines.
Exposition Plein soleil. **Rusticité** Totale. **Sol** Bien drainé. **Voisines conseillées** *Digitalis purpurea, Oenothera biennis, Slavia sclarea* ; souvent mieux seule.

Verbena

Les verveines fournissent une énorme quantité de fleurs jusqu'à l'automne. Ce sont pour la plupart des plantes basses, étalées ou formant des monticules, mais certaines ont une apparence verticale et rigide. L'emplacement idéal pour les espèces basses est le bord d'un parterre. La 'Sissinghurst' possède des feuilles finement découpées et de grandes fleurs roses agréablement parfumées ; la 'Silver Anne' a des feuilles plus larges, dentelées et des fleurs plus grosses, rose bonbon, au parfum plaisant. 'Loveliness' a des feuilles et des fleurs de même taille que 'Silver Anne', mais ses fleurs d'un mauve bleuté sont très odoriférantes. Ces verveines hybrides sont particulièrement adaptées à la culture en pots. Parmi les verveines verticales, *V. bonariensis* est probablement la plus belle, avec ses corymbes plats de minuscules fleurs pourpre clair qui s'ouvrent du milieu de l'été à l'automne. Elle peut atteindre 1,50 m de haut et 90 cm de large, se propageant d'elle-même avec entrain.
Exposition Plein soleil. **Rusticité** A besoin d'une protection en hiver. **Sol** Bien drainé. **Voisines conseillées** avec *V. bonariensis* : *Cosmos* mauves et roses, *Anemone x hybrida, Corylus maxima* 'Purpurea', *Foeniculum vulgare* 'Bronze'.

Verbascum olympicum

CHOIX DE PLANTES

Les plantes d'ornement

Les espèces qui présentent une silhouette exceptionnelle contribuent puissamment à l'aménagement du jardin.

Acanthus

Le feuillage généreux et tranché de *Acanthus* étoffe une composition plantée. Les tiges florifères s'élèvent à partir de la couronne herbacée de la plante pour déployer des épis d'apparence curieuse portant des fleurs individuelles tubulaires en milieu et en fin d'été. *A. mollis* produit de grandes feuilles brillantes enroulées et lobées ; ses fleurs pourpres au cœur blanc sont disposées comme des lupins sur de hautes tiges de 120 cm de haut. Les feuilles luisantes plus courtes de l'*A. spinosus* ont des bords profondément découpés. Ses fleurs sont semblables à celles de l'*A. mollis* mais piquantes et épineuses.
Exposition Préfère le plein soleil. **Rusticité** Totale. **Sol** Tout sol de jardin normal, enrichi de matières organiques. **Voisines conseillées** *Monarda* 'Croftway Pink', *Nepeta sibirica*.

Angelica archangelica

L'angélique doit être traitée comme une bisannuelle ; au cours de sa deuxième année, elle se développe vigoureusement, dressant une grande hampe florifère à tige creuse en fin de printemps et en début d'été. Elle produit de nombreuses petites fleurs jaune-vert en fin d'été.
Dimensions H : 1,80-2,50 m ; E : 90 cm. **Exposition** Partiellement ombragée. **Rusticité** Totale. **Sol** Retenant l'humidité. **Voisines conseillées** Mieux seule.

Aralia elata
(Angélique arbustive)

En hiver, les branches nues de cet arbuste peuvent avoir l'air de bois de cerf. Au milieu de l'été, il produit des panicules vaporeux de minuscules fleurs crème entre les bouquets de feuilles des extrémités. Le cultivar à croissance lente 'Variegata' est joliment marbré de blanc.
Dimensions H : 2,50-3 m ; E : 1,80 m. **Exposition** Ensoleillée ou semi-ombragée. **Rusticité** Bonne, mais les gels tardifs peuvent entraver la pousse des premières feuilles et il faut donc prévoir une protection. **Sol** Tout sol de jardin normal. **Voisines conseillées** *Geranium sylvaticum album*, *Polygonatum x hybrida*, *Digitalis purpurea alba*.

Cynara
(Artichaut, cardon)

Cette magnifique herbacée un peu tapageuse doit être l'une des plus belles plantes à feuillage argenté. Elle semble majestueuse au fond d'un parterre ou au milieu d'un aménagement bas. Ses tiges striées vert pâle portent de grosses fleurs épineuses bleu clair en forme de chardon. *C. cardunculus* possède les plus grandes feuilles de ce genre, avec des fleurs d'un bleu intense portées par des tiges de 1,80 m à la fin de l'été.
Exposition Plein soleil. **Rusticité** A besoin de protection en hiver pour abriter ses couronnes. **Sol** Léger mais riche. **Voisines conseillées** *Crambe cordifolia*, *Acanthus mollis*.

Euphorbia characias wulfenii
(Euphorbe)

Ce splendide arbuste persistant est particulièrement bienvenu au bord d'une allée de gravier, dans un espace planté ou contre une maison. En hiver, les verticilles bleu-gris de ses feuilles donnent naissance à des tiges verticales rigides qui produisent de larges panicules cylindriques de fleurs vert chartreuse. Une seule plante peut porter huit ou dix de ces grands épis florifères — qui offrent un spectacle impressionnant au printemps et au début de l'été.
Dimensions H et E : 90-120 cm. **Exposition** Plein soleil. **Rusticité** Totale. **Sol** Bien drainé. **Voisines conseillées** *Wisteria*, *Buddleja alternifolia*.

Helleborus
(Hellébore)

L'hellébore est l'une des rares plantes à donner d'aussi bons résultats avec une luminosité réduite et des températures peu clémentes, au pied d'un mur sans soleil ou dans un endroit humide et frais. *H. argutifolius* est une persistante à la silhouette très intéressante, avec des pousses ligneuses revêtues de feuilles dentelées et coriaces. A la fin de l'hiver, les boutons de fleurs situés à l'extrémité des pousses s'ouvrent pour donner naissance à des fleurs vert pâle très évasées. *H. foetidus*

LES PLANTES D'ORNEMENT

persistant possède des feuilles profondément découpées vert foncé, avec une touche de bleu. A la fin de l'hiver, elle produit des panicules de fleurs vert pâle qui durent pendant plusieurs mois. *H. foetidus* atteint 45 cm et *H. argutifolius* va jusqu'à 75 cm. **Exposition** Partiellement ou pleinement ombragée. **Rusticité** Totale. **Sol** Tout sol de jardin normal. **Voisines conseillées** *Oemleria cerasiformis, Iris foetidissima* 'Variegata', *Bergenia cordifolia, Narcissus* 'February gold', *Lathyrus vernus*.

Melianthus major

On cultive cette vivace herbacée exotique relativement délicate essentiellement pour ses feuilles. A la fin du printemps des pousses intrépides sortent du sol, s'ouvrant pour laisser apparaître de magnifiques feuilles vert océan aux bords dentelés. Un parterre abrité, si possible adossé à un mur chaud, fournit la protection nécessaire à ce végétal friand de soleil.
Dimensions H : 1,80-2,20 m ; E : 1,50-1,80 m. **Exposition** Plein soleil. **Rusticité** Semi-rustique ; a besoin de la protection de fougères, de jute, de paille en hiver. **Sol** Riche, léger. **Voisines conseillées** *Nepeta sibirica* 'Souvenir d'André Chaudron', *Atriplex halimus, Bupleurum fruticosum*.

Onopordum acanthium
(Chardon-aux-ânes)

On peut utiliser un onopordum géant pour créer un effet magnifique. *O. acanthium* bisannuel pousse facilement à partir de graines semées à la fin du printemps. Il forme une large rosette aplatie blanc-argenté au ras du sol ; des poils couvrent ses immenses feuilles très piquantes. A partir de la fin du printemps, la plante déploie de grandes feuilles argentées presque blanches sur le sol avant de faire jaillir des branches verticales qui semblent couvertes de feutre blanc, surmontées de fleurs en forme de cierge allant du bleu vif au lilas.
Dimensions H : 1,80-2,50 m ; E : 90-120 cm. **Exposition** Plein soleil. **Rusticité** Bonne si cultivé dans un sol très pauvre. **Sol** Bien drainé, non enrichi de matières organiques. **Voisines conseillées** *Crambe cordifolia, Althaea rosea rubra, Sambucus nigra purpurea, Rosa* 'Rambling Rector' ou *Rosa soulieana*.

Rheum palmatum
(Rhubarbe ornementale)

Les grandes feuilles simples de la rhubarbe ornementale mettent en valeur les parterres, mais elle produit également des fleurs élégantes qui atteignent des hauteurs considérables en début d'été. On cultive 'Atrosanguineum' pour ses couleurs. Quand ses couronnes entament leur croissance, les jeunes feuilles froissées sont d'un beau rose-pourpre profond. Les épis florifères sont garnis de minuscules fleurs rouge vif.
Dimensions H : 1,80 m ; E : 1,50 m. **Exposition** Partiellement ombragée, abritée. **Rusticité** Totale. **Sol** Humide, riche. **Voisines conseillées** *Ligularia dentata* 'Othello', *Rosa glauca, Rhus typhina* 'Laciniata', *Filipendula rubra* 'Venusta'.

Helleborus argutifolius

Yucca

Le yucca est une plante sculpturale très intéressante, avec ses feuilles persistantes ensiformes dont l'apparence reste extraordinaire toute l'année. *Y. gloriosa* est le plus beau des yuccas, mais il faut bien choisir son emplacement, car ses feuilles pointues rigides sont tout à fait capables de blesser un imprudent. Il fleurit de façon spectaculaire à la fin de l'été, sa pousse florifère pouvant mesurer jusqu'à 2,50 m de haut, mais assez rarement. *Y. gloriosa* 'Variegata' présente de belles rayures sous ses feuilles, mais il est moins rustique que l'espèce.
Exposition Plein soleil, si possible près d'un mur chaud. **Rusticité** Semi-rustique. **Sol** Bien drainé. **Voisines conseillées** *Hebe* 'Pewter Dome', *H. rakaiensis, Stipa gigantea, Helictotrichon sempervirens, Helichrysum petiolare*.

CHOIX DE PLANTES

Les arbres et les arbustes indépendants

Daphne x burkwoodii

Boule de Neige voir *Viburnum opulus*

Choisya ternata
(Oranger du Mexique)

Ce persistant a un port naturel buissonnant très agréable, qui donne envie de le placer au premier rang d'un massif d'arbustes ou de le planter devant un mur recouvert de grimpantes. Contrairement à beaucoup d'arbustes, il pousse aussi bien dans un endroit ensoleillé qu'ombragé. Son feuillage exhale une forte senteur de citron. A la fin du printemps et au début de l'été, il s'orne de corymbes de fleurs d'un blanc pur, délicatement parfumées. *Choisya* est tout à fait disposé à être taillé, de préférence après sa floraison.
Dimensions H : 1,50-1,80 m ; E : 1,20-1,50 m. **Exposition** Ensoleillée ou ombragée. **Rusticité** Bonne, mais il vaut mieux protéger ses jeunes pousses durant les deux premiers hivers. **Sol** Tout sol de jardin normal. **Voisines conseillées** *Hydrangea anomala petiolaris*, *Hosta* 'Thomas Hogg' ou ' France'.

Cornus
(Cornouiller)

Cette vaste famille présente une grande variété de ports et de charmes. *C. alba*, qui peut atteindre 1,50 m, est essentiellement cultivé pour la couleur de sa tige en hiver. 'Sibirica' est rouge cramoisi ; 'Kesselringii' possède les tiges les plus saisissantes, d'un pourpre profond, presque noir ; 'Spaethii' a également des tiges rouges, mais on apprécie surtout ses magnifiques feuilles dorées et vertes. 'Elegantissima' est très élégant, ses feuilles bordées de blanc apportant une note raffinée à n'importe quelle composition. *C. mas* pousse lentement pour former un arbre densément ramifié dont la taille maximale peut atteindre 6 m. En milieu et en fin d'hiver, ses branches nues sont parsemées de bouquets de petites fleurs jaune d'or, suivies par des fruits comestibles rouge vif en forme de cerise. Ses feuilles vertes prennent une teinte pourpre rougeâtre avant de tomber en automne. L'excellent cultivar 'Variegata' possède de belles feuilles panachées avec des marbrures vert clair et blanches.
Exposition Ouverte, claire, abritée. **Rusticité** Totale. **Sol** Humide mais bien drainé, riche. **Voisines conseillées** avec *C. alba* 'Spaethii' : *Populus alba* 'Richardii', *Sambucus racemosa* 'Plumosa Aurea', *Lonicera nitida* 'Baggesen's Gold' ; avec *C. alba* 'Elegantissima : *Hydrangea arborescens* 'Annabelle', *Hosta plantaginea* 'Grandiflora', *Clematis* 'Alba Luxurians' ; avec *C. mas* : *Narcissus* 'Peeping Tom', *Helleborus foetidus*, *Hedera helix* 'Arborescens'.

Daphne

Les daphnés constituent une classe à part pour la délicieuse senteur, souvent presque suffocante, de leur fleur ; et leur stature minuscule est idéale quand on cherche un petit arbuste permanent. *D. x burkwoodii* 'Somerset' atteint assez rapidement la taille de 90 cm ; elle est semi-persistante, en particulier dans un endroit favorable. Au début de l'été, ses branches se couvrent de fleurs rose pâle très parfumées. *D. odora* ouvre ses premières fleurs d'un pourpre rougeâtre à la fin de l'hiver et continue jusqu'à la fin du printemps ; elle peut atteindre 1,20-1,50 m. L'Aureomarginata' a une croissance plus vigoureuse et est plus rustique que l'espèce ; ses feuilles sont ourlées d'un liséré blanc crémeux.
Exposition Ensoleillée ou semi-ombragée. **Rusticité** Peut avoir besoin de protection au cours des deux premiers hivers. **Sol** Léger, bien drainé. **Voisines conseillées** avec *D x burkwoodii* 'Somerset' : *Cistus* 'Silver Pink', *Hebe* 'Red Edge', *Euphorbia x martinii*, *Ruta* 'Jackman's Blue' ; avec *D. odora* : *Euphorbia robbiae*, *Hebe rakaiensis*, *Sarcococca humilis*.

Eglantier odorant voir *Rosa eglanteria*

Juglans
(Noyer)

Le noyer est un arbre majestueux, avec une large couronne formée de grosses branches ; il est très bien seul au milieu d'une pelouse. Son feuillage aéré

LES ARBRES ET LES ARBUSTES INDÉPENDANTS

laisse pénétrer la lumière, ce qui permet à la pelouse de subsister pendant l'été et aux plantes appréciant les endroits partiellement ombragés de prospérer à son pied. *J. nigra* est un gros arbre à croissance rapide, avec une écorce profondément striée et de grandes feuilles vert foncé. *J. regia*, le noyer commun, a une croissance plus lente et est de taille variable. Sa belle écorce grise est relativement lisse, en dehors de quelques sillons larges et profonds. Quand elles sont bien ouvertes, ses feuilles sont d'un beau vert-olive.
Dimensions H : 25-30 m ; E : 9-12 m. **Exposition** Ouverte, à l'abri du gel. **Rusticité** Bonne, mais craint les gels tardifs. **Sol** Profond, bien drainé, riche.

Malus floribunda
(Pommier d'ornement)

Il y a peu de petits arbres plus beaux que le pommier d'ornement lorsqu'il est en fleurs et son parfum est l'un des plus exquis du jardin. Arbre élégant, son port est presque retombant, car ses longues branches arquées descendent pratiquement jusqu'à terre. Ayant en général une frondaison arrondie, il est souvent plus large que haut. Les classiques fleurs de pommes en bouton s'ouvrent au milieu du printemps, les boutons cramoisis en forme de perle donnant des fleurs blanches ou d'un rose pâle teinté de rouge. Ses petits fruits rouges et jaunes apparaissent plus tard au cours de l'été.
Dimensions H : 4-5 m ; E : 4,5-5 m. **Exposition** Ensoleillée ou semi-ombragée. **Rusticité** Totale. **Sol** Tout sol de jardin normal. **Voisines conseillées** *Narcissus poeticus recurvus*.

Morus nigra
(Mûrier)

Le mûrier est un arbre indépendant idéal pour un petit jardin car il parvient vite à maturité. Il est ornemental, tout en étant assez petit et discret pour ne pas écraser des compositions délicates. C'est un arbre doté d'une grande longévité, à la silhouette élégante, avec un tronc souvent tordu et de lourdes branches. Il se couvre de grandes feuilles cordiformes rugueuses à la fin du printemps. Des fleurs insignifiantes sont suivies en fin d'été par des fruits comestibles en forme de framboise, de couleur presque noire quand ils sont mûrs. En automne, les feuilles deviennent jaune clair avant de tomber.
Dimensions H : 3-4 m ; E : 4-5 m. **Exposition** Ensoleillée ou semi-ombragée. **Rusticité** Totale. **Sol** Tout sol de jardin normal — plus le sol est riche, plus il croît harmonieusement. **Voisines conseillées** *Anemone x fulgens, Camassia cusickii, Nectaroscordum 'Siculum'*.

Noyer voir *Juglans*

Oemleria cerasiformis

Dans les régions les plus froides, ce petit arbuste commence par développer ses bourgeons voyants qui éclatent pour donner naissance à de tendres pousses ornées de feuilles vert pâle qui ne subissent aucun dommage, même de la part des gelées les plus sévères. Les boutons de fleurs se développent alors et s'ouvrent, ressemblant à de petites chaînes de fleurs blanches. Si

Malus floribunda

Les arbres et les arbustes constituent l'épine dorsale du jardin : ils définissent son style tout en donnant de l'ombre et en délimitant des espaces abrités.

on le plante à un endroit où il peut se propager au moyen de ses drageons, on peut obtenir un effet de lisière en bordure d'une pelouse ou d'un parterre.
Dimensions H : 2-2,50 m ; E : 2 m. **Exposition** Ensoleillée ou semi-ombragée. **Rusticité** Totale. **Sol** Tout sol de jardin normal. **Voisines conseillées** *Helleborus orientalis, H. foetidus, Galanthus, Aconitum, Eranthus, Crocus tommasinianus*.

Oranger du Mexique voir *Choisya ternata*

117

CHOIX DE PLANTES

Sambucus nigra 'Guincho Purple'

Parrotia persica

Parrotia persica est un grand arbuste ou un arbre de taille moyenne, à grosses branches basses horizontales ; il pousse lentement mais de façon régulière. Les vieux spécimens ont une écorce intéressante avec des écailles qui se détachent, créant des motifs marbrés de différentes couleurs. Au milieu et à la fin de l'été, ses grandes feuilles vertes prennent des tons bronze. Cela marque le début d'une longue période caractérisée par de splendides teintes automnales. En hiver, sur les branches nues, de courts éperons se couvrent de bouquets de fleurs qui sont en fait des touffes d'étamines cramoisies.

Dimensions H et E : 5-8 m. **Exposition** Ensoleillée ou semi-ombragée. **Rusticité** Totale. **Sol** Tout sol de jardin normal, mais il a de plus belles couleurs en automne dans un sol riche ; supporte le calcaire. **Voisines conseillées** *Crocus sativus, C. tommasinianus, Arum italicum* 'Pictum', *Lathyrus rotundifolia, Clematis* 'Jackmanii Superba'.

Philadelphus
(Seringat)

La senteur capiteuse de *Philadelphus* flottant dans un jardin par une chaude soirée humide souligne le début de l'été. *P. coronarius* donne un arbuste à forte croissance, moyen ou de grande taille. Les fleurs s'ouvrent en corymbes d'un blanc crémeux au parfum délicat, parfaitement mises en valeur par les feuilles d'un vert frais. Plantez-le comme arbre isolé, avec en arrière-plan des tilleuls et des hêtres pour créer un tableau spectaculaire ; il accueille également volontiers des grimpantes comme les clématites.

Dimensions H : 6 m ; E : 2 m. **Exposition** Ensoleillée ou semi-ombragée. **Rusticité** Totale. **Sol** Tout sol de jardin normal. **Voisines conseillées** *Digitalis purpurea, Clematis,* rosiers grimpants.

Pommier d'ornement voir *Malus floribunda*

Pyrus
(Poirier d'ornement)

Quand on cherche un petit arbre d'aspect formel pour introduire une note verticale dans un jardin modeste, les *Pyrus* sont parfaits. Au début du printemps, ils se couvrent de fleurs blanches à étamines sombres, qui seront suivies plus tard par de petit fruits. *P. calleryana* 'Chantecler' pousse jusqu'à 3 m et a un port étroit, pyramidal, qui semble le destiner à être installé au centre d'un espace restreint, ou de part et d'autre d'une entrée. Il a des feuilles vert pâle brillantes et ses fleurs printanières d'un blanc pur connaissent des accès de floraisons sporadiques au cours de l'été. En automne ses feuilles virent au rouge et au marron, s'accrochant aux branches jusque tard en hiver. *P. nivalis* est un très bel arbre de taille moyenne, qui peut atteindre 6 m de haut ; il est de forme pyramidale, avec des branches ascendantes qui forment une large couronne. Sa silhouette est tout à fait adaptée à un jardin de type classique. Au début du printemps, des bouquets de fleurs d'un blanc pur s'ouvrent en même temps qu'apparaissent les nouvelles feuilles d'un argent intense. En vieillissant, elles deviennent vert pâle, avec des motifs arachnéens blanc-argenté.

Exposition Plein soleil. **Rusticité** Totale. **Sol** Tout sol de jardin normal. **Voisines conseillées** *Clematis viticella* 'Purpurea Plena Elegans', *Rosa* 'Veilchenblau', *Vitis vinifera* 'Purpurea'.

Rosa eglanteria
(Eglantier odorant)

Ce rosier ressemble à l'églantier commun (*Rosa canina*), mais ce qui l'en distingue est son parfum. Pour permettre au feuillage d'exhaler

LES ARBRES ET LES ARBUSTES INDÉPENDANTS

son parfum au maximum, on taille la plante pour favoriser la croissance des jeunes pousses. Sa senteur fruitée est particulièrement puissante au printemps et au début de l'été. Sa croissance est vigoureuse et ses tiges robustes sont garnies d'épines redoutables, de même que la partie inférieure de leurs feuilles à bords en dents de scie. Au début de l'été s'ouvrent de petites fleurs roses à étamines jaunes. Elles sont suivies par de beaux fruits rouges qui restent sur la plante jusqu'au début de l'hiver.
Dimensions H : 2,20-3,70 m ; **E :** 1,80-2,50 m. **Exposition** Ensoleillée ou semi-ombragée. **Rusticité** Totale. **Sol** Tout sol normal. **Voisines conseillées** *Lathyrus grandiflorus*.

Sambucus nigra
(Sureau)

Ce grand arbuste rustique à croissance rapide est idéal pour former un écran. Il tolère un minimum d'ombre et on peut donc l'utiliser pour combler les vides sous de grands arbres pour protéger son intimité. Il peut également pousser sur un sol très pauvre. Il a des feuilles ornementales, certaines d'un coloris très agréable, et donne de petites fleurs blanc crémeux au parfum entêtant au début et au milieu de l'été ; dans certains cas, elles sont suivies en automne par de lourds corymbes de fruits brillants très décoratifs, d'un pourpre profond, en forme de perle. Il a une écorce irrégulière et fissurée, même jeune. Les feuilles du 'Laciniata', découpées comme des fougères, semblent un filigrane de dentelle ; 'Purpurea' est une plante vigoureuse avec d'épaisses feuilles pourpres. Au fur et à mesure que l'été avance, le pourpre perd de sa vigueur pour laisser apparaître le vert sous-jacent. Ses fleurs sont blanches, teintées de pourpre.
Dimensions H : 5 m ; **E :** 4 m. **Exposition** Ensoleillée ou très ombragée. **Rusticité** Totale. **Sol** Tout sol normal. **Voisines conseillées** avec *S. nigra* 'Purpurea' : *Rosa glauca*, *Lavatera* 'Vin de Bourgogne', *Atriplex hortensis*, *Salvia officinalis* 'Purpurascens'.

Seringat voir *Philadelphus*

Ulmus x hollandica
'Jacqueline Hillier'

Cet 'orme' nain insolite présente une forme de croissance inhabituellement raffinée. Arbuste caduc de petite taille, il offre un aspect très dense et en hiver la distribution de ses fines branches le fait ressembler à une arête de poisson. En été, il est couvert de petites feuilles d'un vert intense à bords en dents de scie, elles-mêmes disposées de façon très ordonnée.
Dimensions H : 1,80-2,50 m ; **E :** 1-1,50 m. **Exposition** Ensoleillée ou semi-ombragée. **Rusticité** Rustique une fois adulte. **Sol** Tout sol normal. **Voisines conseillées** *Tanacetum vulgare* 'Crispum', *Polypodium vulgare*, *Hedera helix* 'Sagittifolia'.

Viburnum opulus
'Roseum'
(Boule de Neige)

On peut traiter cet arbuste vigoureux en plein-vent ou le laisser prendre une apparence plus naturelle. Au début du printemps, de petits boutons de fleurs apparaissent, qui donnent naissance à des sphères pendantes vert pâle. Au début de l'été, elles se transforment en 'boules de neige' d'un blanc crémeux.
Dimensions H : 2,50-3 m ; **E :** 2,50 m. **Exposition** Ensoleillée ou semi-ombragée. **Rusticité** Totale. **Sol** Tout sol de jardin normal. **Voisines conseillées** *Anthriscus sylvestris*, *Rosa* 'Nevada', *Syringa vulgaris* 'Madame Lemoine', *Crataegus laevigata* 'Plena'.

Viburnum opulus 'Roseum'

CHOIX DE PLANTES

Les plantes grimpantes et les arbustes muraux

Hydrangea anomala petiolaris

Les vraies grimpantes s'aident de vrilles, de ventouses, de crampons, d'épines ou de tiges volubiles. Les arbustes muraux sont palissés et liés contre un mur.

Actinidia deliciosa
(Groseille de Chine, kiwi)

Cette grimpante très vigoureuse est spectaculaire, avec ses robustes tiges charnues et ses pétioles couverts de poils rouges serrés qui portent des feuilles cordiformes vert pâle pouvant mesurer jusqu'à 20 cm. Elle grimpe en s'enroulant autour d'autres tiges, de fils de fer ou de ficelle. En une seule année, une plante adulte peut donner des pousses allant jusqu'à 2,50 m. A la fin de l'été apparaissent des bouquets de fleurs d'un blanc crémeux, délicatement parfumées, aux étamines jaune clair.
Dimensions H : 9 m ; E : 4 m. **Exposition** Ensoleillée ou semi-ombragée. **Rusticité** Rustique en général. **Sol** Léger, bien drainé, riche. **Voisines conseillées** *Akebia quinata*, *Wisteria floribunda*.

Chèvrefeuille voir *Lonicera*

Clematis

Cette vaste famille comporte un grand nombre de plantes différentes, toutes magnifiques sans exception. A cause de sa croissance généreuse, il vaut mieux planter *C. montana*, qui peut atteindre 7,5 m, dans un endroit où elle a la possibilité de se propager librement. Elle produit à la fin du printemps des ruissellements de petites fleurs, allant du rose intense au blanc pur selon le cultivar. *C.* 'Perle d'Azur' donne au milieu de l'été une profusion de grosses fleurs plates et arrondies bleu-lavande. 'Abondance' fleurit à la fin de l'été, en formant un nuage de petites fleurs d'un mauve-pourpre pâle. 'Alba Luxurians' a de petites fleurs blanches mouchetées de vert.
Dimensions 3-3,70 m. **Exposition** Ensoleillée ou semi-ombragée. **Rusticité** Totale. **Sol** Tout sol de jardin riche en humus, bien drainé ; prospère sur un sol alcalin. **Voisines conseillées** Planter *C. montana* parmi des arbres fruitiers ; avec *C.* 'Perle d'Azur', 'Abondance' et 'Alba Luxurians' : *Ceanothus*, *Syringa*, *Philadelphus*.

Cobaea scandens
(Cobée grimpante)

Cette délicat grimpante annuelle rend bien service quand on veut revêtir de nouveaux murs d'espèces plus permanentes mais à croissance plus lente. Ses vrilles très fines lui permettent d'escalader des hauteurs considérables. Sa croissance générale est verticale, puis elle retombe lorsqu'elle a atteint les limites supérieures de son support. Ses grandes fleurs en forme de clochettes s'ouvrant à la fin de l'été sont pourpres ou bleu foncé, parfois vertes, virant au blanc.
Dimensions H : 4-5 m ; E : 3-4 m. **Exposition** Plein soleil. **Rusticité** Délicate. **Sol** Bien drainé, enrichi de matières organiques. **Voisines conseillées** *Ipomoea tricolor* 'Heavenly Blue', *Campsis radicans*.

Glycine voir *Wisteria*

Groseille de Chine, kiwi voir *Actinidia deliciosa*

Hedera
(Lierre)

Peu de plantes sont aussi universelles que le lierre. Il pousse souvent dans des endroits où aucune autre plante, pas même l'herbe, ne serait à son aise, sous des arbres ou dans des endroits très ombragés par exemple. Ses racines aériennes lui permettent de s'accrocher solidement aux murs et aux troncs d'arbres. Quand il devient trop envahissant, on peut le freiner en le taillant sévèrement et il se remet à pousser comme avant. Il ne tolère pas

LES PLANTES GRIMPANTES ET LES ARBUSTES MURAUX

seulement une luminosité assez réduite, basse et des expositions à des froids extrêmes, mais il résiste également à la pollution atmosphérique. La plante adulte commence à produire de petites fleurs vert pâle, suivies en automne par de grands fruits sombres, presque noirs. Le lierre commun, *H. helix*, est l'une des espèces les plus rustiques et peut revêtir des formes extrêmement variables. 'Glacier' a de petites feuilles bleu-vert avec de subtiles marbrures crème ; 'Sagittifolia' et ses formes marbrées ont une feuille à cinq lobes bien prononcés. *H. colchica* et *H. canariensis* possèdent un feuillage plus grand, mais moins rustique qu'*H. helix*.
Dimensions H et E : 3-4 m. **Exposition** Ensoleillée ou semi-ombragée. **Rusticité** Totale. **Sol** Tout sol de jardin normal. **Voisines conseillées** *Hydrangea paniculata, Cotoneaster horizontalis, Lonicera japonica*.

Hortensia grimpant voir
Hydrangea anomala petiolaris

Humulus lupulus
(Houblon doré)

Cette vivace ornementale est capable de grimper à des hauteurs considérables grâce à ses tiges volubiles. En hiver, elle disparaît dans le sol, pour rééemerger au printemps suivant. Ses grandes feuilles fortement dentelées à trois ou cinq lobes sont d'un délicat jaune d'or. Il a besoin d'un espace suffisant pour pouvoir y grimper, mais il vaut mieux l'empêcher d'escalader d'autres plantes, car il risque de les étouffer.

Dimensions H : 4-5 m ; E : 2,50-3,70 m. **Exposition** Ensoleillée ou semi-ombragée, où les feuilles prendront une teinte vert acide. **Rusticité** Totale. **Sol** Tout sol de jardin normal. **Voisines conseillées** *Clematis orientalis, Eccremocarpus scaber aurantiacus, Lonicera nitida* 'Baggesen's Gold'.

Hydrangea anomala petiolaris
(Hortensia grimpant)

L'hortensia grimpant pousse bien à l'ombre, dans un endroit humide et frais créé par un mur ou le tronc d'un gros arbre. Au printemps, ses feuilles vert pâle s'ouvrent ; elles deviennent ensuite vert foncé, puis jaune clair en automne, avant de tomber. En été, apparaissent des fleurs à coiffe de dentelle d'un blanc-verdâtre. S'accrochant au moyen de racines aériennes, il constitue un arrière-plan idéal pour d'autres grimpantes plus petites, comme la clématite.
Dimensions H : 18-25 m ; E : 10-15 m. **Exposition** Légèrement ou très ombragée. **Rusticité** Totale. **Sol** Tout sol de jardin normal, retenant l'humidité. **Voisines conseillées** *Clematis flammula, C.* 'Alba Luxurians', *Tropaeolum speciosum, Hosta fortunei* 'France'.

Jasminum

Jasminum nudiflorum, ou jasmin d'hiver, est un arbuste rustique, tolérant, qui produit des fleurs étoilées jaune clair au milieu de l'hiver. Il peut atteindre une hauteur de 4,50 m et couvrir un mur sur une largeur de 4 m ou plus. Il a besoin d'être attaché à des fils de fer, un treillis ou un grillage, car il ne possède aucun moyen pour s'agripper tout seul. *J. officinale*, ou jasmin blanc, est une grimpante volubile à croissance vigoureuse, doté d'une opulente silhouette vaporeuse. Ses feuilles sont petites et découpées et ses bouquets de fleurs, qui éclosent durant tout l'été sont d'un blanc pur. Il exhale une senteur délicate très agréable, surtout lors des soirées humides. Il peut atteindre une hauteur de 9 m et une envergure de 3 m.
Exposition *J. nudiflorum* : toutes. *J. officinale* : ensoleillée et chaude **Rusticité** *Jasminum nudiflorum* : rustique ; *J. officinale* : modérément rustique mais délicat durant les hivers rudes. **Sol** Tout sol de jardin normal. **Voisines conseillées** avec *Jasminum nudiflorum* : *Ilex x altaclerensis* 'Golden King', *Magnolia grandiflora* ; avec *J. officinale* : *Clematis armandii, Rosa banksiae* 'Lutea'.

Cobaea scandens

CHOIX DE PLANTES

Lathyrus grandiflorus

Kiwi voir *Actinidia deliciosa*

Lierre voir *Hedera*

Lathyrus
(Pois de senteur perpétuel)

On l'utilise pour le bel effet créé quand il se lance à l'assaut d'une autre grimpante ligneuse ou d'un grand arbuste, auxquels il s'agrippe à l'aide de ses vrilles. *L. latifolius* a de grosses tiges et des fleurs dont la couleur varie d'un rose-pourpre profond au blanc pur à la fin de l'été. Il croît chaque année à partir d'un bouquet central, alors que *L. grandiflorus*, avec ses grandes et belles fleurs pourpres du début de l'été, se propage de façon alarmante à l'aide d'un système de racines souterraines, qu'il faut absolument surveiller. *L. rotondifolius* a de petites fleurs roses au milieu de l'été.

Dimensions H : 2 m ; E : 120 cm. **Exposition** Ensoleillée ou semi-ombragée. **Rusticité** Totale. **Sol** Tout sol de jardin normal. **Voisines conseillées** *Rosa* 'Constance Spry', *R.* 'Zéphirine Drouhin', *Berberis x ottawensis purpurea*.

Lonicera
(Chèvrefeuille)

Le puissant parfum du chèvrefeuille est intimement lié à l'atmosphère du début de l'été. Le chèvrefeuille semble apprécier d'avoir ses racines dans un endroit frais et humide et sa tête en partie à l'ombre. Ses longues pousses volubiles sont ornées de paires de feuilles d'un vert bleuté et de longues fleurs en forme d'entonnoir. Tous les chèvrefeuilles ont besoin d'une structure quelconque sur laquelle s'enrouler. *L. japonica* est une espèce rampante à tendance persistante ou semi-persistante, qui peut atteindre 6 à 9 m. Les petites fleurs odoriférantes qu'il produit en continuation du début de l'été à l'automne sont blanches avant de virer au jaune. 'Halliana', avec son fin feuillage persistant, est parfait pour réaliser un écran, car il peut atteindre une hauteur de 6 à 9 m et une envergure de 2,50 à 3 m. *L. periclymenum*, ou chèvrefeuille des bois, possède une senteur extrêmement puissante, émanant de longues fleurs tubulaires allant du jaune crémeux au plus magnifique des rouges, selon le cultivar. Il produit une profusion de fleurs en bouquets à partir du début de l'été. Il atteint une hauteur de 4,50 m et une envergure de 1,50 à 2 m.

Exposition Semi ombragée. **Rusticité** Totale. **Sol** Humide, enrichi de matière organique. **Voisines conseillées** *Clematis montana grandiflora*, *Wisteria sinensis*, *Akebia quinata*.

Magnolia grandiflora

Ce bel arbuste persistant de grande taille, au feuillage brillant sans égal, apprécie la protection d'un mur chaud et ensoleillé. Tout seul, il devient un arbre isolé touffu à port globuleux. Ses fleurs simples ouvertes, qui apparaissent à la fin de l'été, sont grandes — jusqu'à 25 cm de diamètre — blanc crémeux et ont une senteur exquise, évoquant légèrement le citron. Chaque fleur ne dure qu'un jour ou deux. L'excellent cultivar 'Exmouth' produit de grandes fleurs particulièrement parfumées.

Dimensions H : 6 m ; E : 4,50 m. **Exposition** Mur chaud et ensoleillé. **Rusticité** Rustique dans un endroit chaud. **Sol** De préférence neutre ou acide ; si le sol est alcalin, il faut qu'il soit profond, fertile et enrichi de matières organiques. **Voisines conseillées** *Rosa banksiae* 'Lutea', *Cobaea scandens*.

LES PLANTES GRIMPANTES ET LES ARBUSTES MURAUX

Pois de senteur perpétuel voir *Lathyrus*

Solanum

Les solanums conviennent tout à fait à un mur chaud dans un jardin abrité, où ils offrent une vision spectaculaire en peu de temps. Leur croissance est verticale et ils ont donc besoin d'un support auquel ils doivent être soigneusement attachés pendant l'été. *S. crispum* 'Glasnevin' du Chili est un arbuste vertical très vigoureux semi-persistant qui peut atteindre une hauteur de 4 à 6 m. Il produit généreusement ses belles fleurs d'un pourpre bleuté aux étamines jaune clair entre le milieu et la fin de l'été. *S. jasminoides* 'Album' grimpe rapidement aussi, en ayant tendance à s'entortiller ; il peut atteindre 6 à 9 m de haut. Cette forme porte des bouquets de fleurs d'un blanc pur avec des étamines jaunes du milieu de l'été aux premiers givres.

Exposition Endroit abrité en plein soleil. **Rusticité** Rustique en général mais a besoin de protection quand l'hiver est rude. **Sol** Tout sol de jardin normal, de préférence alcalin. **Voisines conseillées** avec *S. crispum* 'Glasnevin' : *Clematis tangutica, Cytisus battandieri* ; avec *S. jasminoides* 'Album' : *Wisteria floribunda, Ceanothus* 'Autumnal Blue'.

Vitis coignetiae

Cette vigne à feuilles épaisses est une plante grimpante spectaculaire. Cultivée principalement pour ses magnifiques feuilles arrondies, qui peuvent mesurer jusqu'à 30 cm de diamètre, son apparence d'ensemble est impressionnante. Quand elles s'ouvrent au printemps, ses feuilles et ses pousses sont d'un rouge profond tendant au pourpre, qui se transforme rapidement en un beau vert intense.

Dimensions H : plus de 9 m ; **E** : plus de 6 m. **Rusticité** Totale. **Sol** Tout sol normal. **Voisines conseillées** *Campsis radicans, Taxus baccata*.

Wisteria
(Glycine)

La glycine en fleurs peut être l'un des éléments les plus spectaculaires du jardin. Ses petites fleurs odoriférantes, en forme de pois, se détachent nettement sur ses feuilles vert pâle. Cette grimpante ligneuse à feuilles caduques a la vie longue et développe un tronc argenté rugueux semblable à celui d'un arbre. *W. sinensis*, ou glycine de Chine, produit une profusion de racèmes de fleurs mauves puissamment parfumées au début de l'été. Si on lui laisse assez d'espace, elle peut grimper jusqu'à 18-30 m. *W. floribunda*, ou glycine du Japon, est sans doute la cousine la plus élégante de la glycine de Chine. Bien qu'elle fleurisse de façon plus timide, elle porte des racèmes plus beaux, plus longs, avec des fleurs légèrement parfumées d'un pourpre bleuté au début de l'été et ses feuilles sont plus ténues. Fleurissant au même moment, son cultivar 'Macrobotrys' produit de très longs racèmes de 45 à 90 cm. Alors que *W. sinensis* fait une bonne grimpante murale, *W. floribunda* est plus adaptée à une pergola, où ses longues fleurs peuvent pendre librement.

Dimensions H : 18-30 m ; **E** : 15-18 m. **Exposition** Ensoleillée ou semi-ombragée. **Rusticité** Rustique, mais les premières fleurs et les bourgeons de feuilles peuvent être endommagés par les gels tardifs. **Sol** Tout sol de jardin normal d'une profondeur adéquate. **Voisines conseillées** *Clematis* 'Perle d'Azur', *Vitis, Ceanothus*.

Vitis coignetiae

Index français

Les numéros des pages en *italique* renvoient aux illustrations, ceux en caractères **gras** au chapitre intitulé **Choix de plantes**.

Abricot 39
Accès carrossable 80-81, *80*
Accoutumance à l'air marin (haie) 50
Ailante 54
Allée *65, 66,* 75-79
   herbeuse 76-77
Angélique arbustive **114**
Appareil en panneresses 34
Arbre 29, 55, 84, 99, **116-19**
Arbre de Judée *82*
Arbuste 29, 55, **116-119**
   mural 38-39, **120-123**
Arceau *28,* 29, 96-7, *100*
Artichaut **114**
Asphalte 65
Automne, entretien du jardin 107

Bac à sable *14*
Bambou *54*
Barrière végétale *42,* 44
Bassin 15, *59,* 94-95
Belvédère 29, 94
Béton
   dallage 63, 65, 68
   parpaing 36, 86
   poteaux de 45
Blocaille, pour pose de dallage 67
Bois
   dallage 64, *64*
   marche de 89, *89*
Bordure de transition *61,* 76, 84
Boule-de-neige *119,* **119**
Boutisse 36
Brique
   allées 76, *76*
   construction des murs 36
   dallage 63, *63,* 64, 68
   marche *89*
   mur 33
   terrasse *73, 74*
Buis 49, 50, 99

Cardère *9*

Cardon **114**
Carré de légumes *15*
Carreau de briques 64, 68
Cataire *9, 14, 90, 100*
Chardon-aux-ânes *71,* 77, 110, **115**
Charme 98, *98*
Chèvrefeuille **122**
   des bois 39, *55, 74, 100,* **122**
Chimonanthe 39, 74
Chou d'ornement *70*
Clématite *28, 100,* 116, 118, 123
Climat 17-18
Clôture
   de clayonnages *43, 43,* 45
   palissades *28,* 29, 31, 42-47, *43, 46, 47*
   végétale de saule 44
Cognassier 39, 81
Compartiment, division en 9, 10, *11,* 28, 32, *32*
Compositions colorées 32
Conifères taille des 52
Copeaux de bois 64, 69
Cornouiller **116**
Coupe-bordures 85
Couronnement des murs 36-37
Coût
   clôtures *42*
   construction des murs 34-35
   matériaux de dallages 65
   surfaces en dur 62
Cyprès de Leyland 49, *75*

Dallage 60-74, 77
   pierre 63-64, 68, *69*
Dénivellations *23,* 86-7
Densité des haies 30
Dessin de plans 22-23, *22*
Digitale *41,* 112, 113, 114, 118
Drainage, pour mettre en place un dallage 66-67

Eclats d'écorce 64, 69
Ecran 17, 53-55, *53, 54, 54*
Eglantier
   commun 50
   odorant 49, 74, *101,* **118-119**
Elaborer un plan 10-11, 20-21
Eléments

   horizontaux 59-91
   verticaux 27-57
Engrais pour haies 52, *52*
Entrecroisement 98, *98-99*
Entrée 80-81
Entretien
   clôture 44-45
   haie 52
   pelouse 83, 84-85
   saisonnier 103-107
Erable champêtre 50
Espace dallé *59,* 70-74
Espèce odoriférante 32, 74
Eté, entretien du jardin 106
Etêtage 98-99
Euphorbe *71,* 113, **114**
Evaluer le terrain 16-19
Exposition
   maison/ jardin 18-19
   murs 38-39

Figuier *21,* 39, 98
Fondation
   espace dallé *66*
   mur 34, *34,* 35
Fontaines 94, *95*
Fougère *40, 78, 91,* 119
Fusain 50

Galet 63, 64, *64*
Gazon, pose 83, *83*
Germandrée-petit-chêne 49
Gravier *13,* 62, 64, 69, *71,* 76, *76,* 77, *80*
Grille métallique 29, 30, 43-44
Groseille de Chine, kiwi *9, 47,* 96, **120**

Haie 24, 29, 31, 48-52
Hellébore **114-15**
Herbe aux écus *91*
Hêtre *103*
   rouge *82*
Hiver, entretien du jardin 104
Hortensia grimpant 39, *40,* 116, *120,* **121**
Houblon doré *47, 94,* 96, **121**
Houx 50, 99, *103*

If (haie) *8, 10, 15, 23, 32,* 48, 50, 99, *103*

Jardin formel 60

Jasmin **121**
   blanc 54, 96, *100,* **121**
   d'hiver 39, *47,* 54, **121**
Jointoiement des dallages 69

Kiosque 29, 94

Laurier 49
Laurier-cerise 49, 54
Lavande *13, 14, 32, 56,* 112
Lichen/algue/mousse sur les dallages *62,* 104
Lierre *34,* **120-121**

Macadam 65
Marches et degrés 88-91, *88, 89, 90-91*
Matériaux
   clôtures 42-44
   dallages *61,* 63-65
   locaux 31
   marches 88-89
   murs 33
   organiques 18, 51, 52
Mauvaise herbe, élimination 24
Mauve 54
Mélèze 55
Mesurer
   courbes *20,* 21
   'élément flottant' *20,* 21
   terrain 20-21
Micro-climat 18, 19
Molène **113**
Mortier, jointoiement des murs au 36
Motif
   en arête de poisson (dallage) *64*
   en panier tressé (dallage) *64*
Mousse sur les pelouses 85
Mûrier 81, 98, 99, **117**
Mur 27, 33-41, *33, 34, 38,* 54
   construction 34-37, *34*
   couronnement 36-37, *36, 37*
   d'enceinte 332-41
   de pierres 33, *34,* 35-36, *36, 37*
   de pierres sèches 36, *37, 41*
   de soutènement 36, 86, *86, 87, 87*
   orientation 38-39, *39, 40, 41*

Myrte 74

Noisetier 50, 113
Noyer *11,* **116-117**
Oranger du Mexique 39, 45, *47,* 74, **116**

Panicaut *71,* 77, **110**
Panneresse 36
Papier millimétré pour dessiner les plans 23
Parterre
   conception 14
   plantes pour **110-113**
   surélevés 87
Pas japonais *25,* 64, 68, 69
Passiflore *41,* 45
Pavé de granite
   allée 77, 79
   dallage 63, 64, 68, *69*
   terrasse 74
Pavot **112**
Peinture
   des barrières 45
   des portails 56-57
Pelouse 10, 14, 62, 82-5
   entretien 83, 84-85
Pentes 86
Pergolas 29, 38, 96-97, *97*
   construction 96
   plantes pour 96, *100*
Persistants
   clôture 45
   écran 54
   haie 50
Peuplier 54, 74, 116
pH des sols 18
Pied d'alouette 110, 112, 113
Pierre, dallage de 63-64, 68, *69*
Pigamon **113**
Pivoine **111**
Plan de base, élaboration 10-11, 13-25
Plantation saisonnière 103-107
Plante grimpante 97, **120-123**
   pour couvrir les murs 38-39, *38*
   sur un mur de pierres sèches *41*
Plantes se plaisant sur le gravier *71,* 77
   supportant la pollution 81

124

INDEX FRANÇAIS

Point d'intérêt 11, 29
Poirier d'ornement **118**
Pois de senteur *55*, 97, *97*
    perpétuel **122**
Pommier d'ornement *82*, 98, 99, *117*, **117**
Portail de fer forgé 56, *56*
Porte 56-57, *56*, *57*
Poteau de bois
    entretien 44-45
    installation *42*
Pot sur les marches 89
Printemps, entretien du jardin 104
Progression des travaux *24-25*

Prunellier 50
Pyrèthre *56*

Réalisation topiaire 99
Resserre de jardin, implantation 15
Rhubarbe ornementale 10, **115**
Romarin 49, 74, *101*
Rosier *28*, 74, *79*, 96, *97*, 113, 118, 119, 122
    grimpant *27*, *28*, *33*, 45, 118
    sarmenteux 45
Roulage des pelouses 85
Rue 116

Sauge 74, *78*, *79*, *101*, 112, 119
Saule 55, 98
Scarification des pelouses 85, *85*
Sceau de Salomon *40*, *78*, 114
Sculpture 96
Sécateur, taille des haies 52
Seringat **118, 120**
Serre, implantation 15
Siège et banc 94, 96, *101*
Silo de compost, implantation 15
Sol
    amendement 18, *24*

    analyser la composition 18
    structure 18
    texture 18
Sol acide, plantes pour 18
Sol alcalin, plantes pour 18
Statue *93*, 96
Style des plantations 19
Sureau 54, 55, 113, 115, *118*, **119**

Taille des haies 48, 52
Talus 89, 87
Tanaisie 74, 119
Terrasse *62*, 70-74, *70-71*
Tilleul *21*, 98

Tondeuse à gazon 85
Tonnelle 29, 96
Tracer un plan 22-23, *22*
Travaux de terrassement *25*
Treillage 38, *53*, 54, *55*
Troène, haie de 48, 49
Trompe-l'œil, décor en 54-55

Urne 94, 96

Vent, protection contre le *31*, 43, 56, 48, 50
Vigne *33*, 39, 54, 96, *100*, 118
Vigne vierge 54

125

Index des noms latins

Les numéros des pages en *italique* renvoient aux illustrations, ceux en caractères **gras** au chapitre intitulé **Choix de plantes**.

Abutilon
   Abutilon x suntense 39
Acaena 68, 71, 77
Acanthus
   A. mollis **114**
   A. spinosus *79*, **114**
Acer
   A. campestre 50
   A. palmatum 87
Aconitum 90, 113, 117
Actinidia deliciosa 9, *47*, 96, **120**
Aesculus hippocastanum 81
Agapanthus 90
Ailanthus altissima 54
Akebia quinata 45, 120, 122
Alchemilla mollis 13, 14, 31, 80
Allium 78
   A. aflatunense 79, 112
   A. arborescens 79, 112
   A. christophii 112
   A. cyaneum 112
Alstroemeria 87
Althaea rosea rubra 115
Amelanchier 81
   A. lamarckii 99
Anchusa azurea 112
Anemone
   A. x fulgens 117
   A. x hybrida 38, 111, 113
Angelica archangelica **114**
Anthriscus sylvestris 119
Aquilegia 112
Aralia elata 81, **114**
Armeria maritima
Artemisia 71
   A. arborescens 79
   A. camphorata 74
Arum italicum 118
Aster novae-angliae 111
Astrantia major 91
Atriplex
   A. halimus 115
   A. hortensis 78, 79, 119
Aucuba japonica 81

Berberis
   B. x ottawensis purpurea 122
   B. thunbergii 55, 110, 113
Bergenia
   B. cordifolia 70, 115
Betula utilis jacquemontii 81
Borago pygmaea 110
Brachyglottis (syn. *Senecio*) *greyi* 81
Brassica oleracea 70
Buddleja 13
   B. alternifolia 101, 114
Buglossoides *purpurocaerulea 90*
Bupleurum fruticosum 45, 113, 115
Buxus 49, 50, 99
   B. sempervirens 48, *71*, 81

Camassia cusickii 117
Campanula 14, 78
   C. glomerata 87
   C. lactiflora 113
   C. latibola 79
Campsis radicans 120, 123
Cardamine trifolia 91
Carpenteria californica 32
Carpinus betulus 48, 50, 98, *98*
Caryopteris x clandonensis 41, 74
Catalpa bignonioides 15, 98
Ceanothus 7, 120, 123
   C. arboreus 39
   C. x delileanus 90
   C. impressus 45, *46*
Centranthus 18, 112
   C. ruber 57, 77
Cercis siliquastrum 82
Chaenomeles speciosa 39, 81
Chamomile nobile 77
Chimonanthus praecox 39, 74
Choisya ternata 39, 45, *47*, 74, **116**
Cimicifuga racemosa 78
Cistus 71, 112, 116
   C. purpureus 79
Clematis *38*, 45, **120**
   C. armandii 74, 121
   C. flammula 100,, 121
   C. montana 54, **120**
   C. montana grandiflora 122

   C. orientalis 96, 121
   C. recta 113
   C. rehderiana 100
   C. tangutica 123
   C. Viticella 118
Cobaea scandens 39, *54*, 96, **120**, *121*, **122**
Colchicum speciosum album 111
Convallaria majalis 78
Convolvulus elegantissimus **110**
Cornus **116**
   C. alba 39, 55, *55*, 81, **116**
   C. alternifolia 87
   C. controversa 10, 87
   C. mas **116**
Corylus
   C. avellana 50
   C. maxima 113
Cosmos 113
Cotinus coggygria 111, 113
Cotoneaster 55
   C. horizontalis 39, 121
Crambe cordifolia 110, **110**, 114, 115
Crataegus laevigata 99, 119
Crocus
   C. sativus 118
   C. tommasinianus 83, 117, 118
x Cupressocyparis leylandii 49, *75*
Cyclamen coum 83
Cydonia oblonga 99
Cynara
   C. cardunculus **114**
   C. scolymus 10
Cynoglossum nervosum 91
Cytisus battandieri 74, 123

Daphne **116**
   D. x burkwoodii 116, **116**
   D. odora 70, 74, **116**
Delphinium 110, 112, 113
Dianthus 16
   D. caryophyllus 74
Dictamus albus purpureus 101
Digitalis
   purpurea 41, 112, 114, 118
   purpurea alba **114**
Dipsacus fullonum 9

Dryopteris filix-mas 91

Eccremocarpus
   E. scaber aurantiacus 121
   E. scabra 46
Elaeagnus x ebbingei 54, 81
Eranthus 117
Erigeron karvinskianus 71, 77
Eryngium giganteum 71, 77, **110**
Erysimum 78, *79*
Escallonia 31
Eucalyptus camphora 74
Euonymus
   E. alatus 50
   E.fortunei 39, *70*, 81
   E. fortunei radicans 45
Eupatorium maculatum **110-11**
Euphorbia
   E. amygdaloides robbiae 78
   E. characias wulfenii 71, 113, **114**
   E. x martinii 116
   E. palustris 78
   E. robbiae 87, 116

Fagus sylvatica 48, 50, *51*
Fallopia baldshuanica 54, 55
Fatsia japonica 81
Ficus carica 21, 39, 98
Filipendula rubra 115
Foeniculum vulgare 101, 113
Fuchsia magellanica 78, 79

Galanthus 117
   G. nivalis 83
Garrya elliptica 39, *41*, *70*
Gaultheria 18
Gaura lindheimeri **111**
Gentiana asclepiadea 91
Geranium 31
   G. grandiflorum 57
   G. macrorrhizum 101
   G. renardii 78
   G. sylvaticum album 114
Gleditsia triacanthos 99 126

Hebe 41, 71, 78, 79, 90, 116
   H. buxifolia 70
   H. pinguifolia 110
   H. rakaiensis 115, 116

Hedera 34, **120-21**
   H. canariensis 47
   H. colchica 45
   H. helix 39, *41*, *47*, 54, *70*, *91*, 116, 119, **121**
   H. hibernica 40
Helianthemum 14
Helychrisum petiolare 115
Helictotrichon sempervirens 115
Helleborus **114-15**
   H. argutifolius **114**, *115*
   H. foetidus *41*, *70*, **114**, 116, 117
   H. orientalis 18, 117
Hemerocallis 31
Hesperis matronalis 74
Hosta 40, 78
   H. fortunei 121
   H. plantaginea 116
   H. plantaginea grandiflora 111
Humea elegans 74
Humulus lupulus 47, *94*, 96, **121**
Hydrangea
   H. petiolaris 39, *40*, 116, *120*, **121**
   H. arborescens 9, 111, 116
   H. macrophylla 81, *93*
   H. seemannii 45
Hypericum calycinum 87

Ilex 50, 99, 103
   I. x altaclerensis 121
   I. aquifolium 48, 50, 81
Ipomoea tricolor 120
Iris
   I. foetidissima 91, 115
   I. pallida 7, 18, *37*
Itea ilicifolia 38, 39

J. officinalis 38, 39
Jasminum **121**
   J. nudiflorum 39, *47*, 54, **121**
   J. officinale 54, 96, *100*, **121**
Juglans 11, **116-17**
   J. nigra **117**
   J. regia **117**

Kalmia 18
Kniphofia 32

INDEX DES NOMS LATINS

Laburnum x watereri 96
Lamium maculatum 91
Larix decidua 55
Lathyrus **122**
  L. grandiflorus 41, 119, *122*
  L. latifolius **122**
  L. odoratus 55, 97, *101*
  L. rotondifolius *46*, 118, **122**
  L. vernus 115
Laurus nobilis 49
Lavandula 13, 14, 32, 56, 112
  L. angustifolia 49, 74, *79, 90, 101*
  L. stoechas 79
  L. stoechas pedunculata 71
Lavatera 119
  L. olbia 54
Lewisia tweedyi 74
Ligularia dentata 115
Ligustrum ovalifolium 48, 49
Lilium 74
Linaria purpurea 71
Linum perenne 57
Lonicera **122**
  L. japonica 45, *46*96, 121, **122**
  L. nitida *9, 31,* 49, 116, 121
  L. periclymenum 39, *55, 74, 100,* **122**
  L. pileata 81
Lysimachia
  L. nummularia 91
  L. punctata 80

Magnolia
  M. grandiflora 39, 121, **122**
  M. wilsonii 82
Mahonia 54
  M. lomariifolia 45
  M. x media 81
Malus 98
  M. floribunda 82, 98, 99, *117,* **117**
  M. hupehensis 81
Malva sylvestris 9
Matteuccia struthiopteris 78
Matthiola incana 101
Meconopsis cambrica 40
Melianthus major 39, *79,* **115**

Mespilus germanica 99
Monarda 114
Morus nigra 81, 98, 99, **117**
Myrrhis odorata 74
Myrtus communis 74

Narcissus 70, 115, 116
  N. poeticus recurvus 117
Nectaroscordum 117
Nepeta 9, 14, 90, 100
  N. camphorata 74
  N. nervosa *79,* 110
  N. sibirica 101, 113, 114, 115
Nerine bowdenii 111
Nicotiana
  N. affinis 74
  N. sylvestris 101

Oernleria cerasiformis 41, 115, **117**
Oenothera biennis 77, 113
Onopordum acanthium 71, 77, 110, **115**
Osmanthus delavayii 49

Paeonia **111**
  P. delavayi ludlowii **111**
  P. suffruticosa 111, **111**
Papaver orientale *78, 79,* **112**
Parrotia persica **118**
Parthenocissus tricuspidata 54
Passiflora caerulea 41, 45
Paulownia tomentosa 54
Penstemon 78, 79
Perovskia 79, 90
  P. atriplicifolia 112, **112**
Persicaria **112**
  P. affinis **112**
  P. amplexicaulis **112**
  P. bistorta **112**
Philadelphus 120
  Ph. coronarius 39, 74, *101,* **118**
  Ph. microphyllus 27
Phlox 38
Pieris 18
Pittosporum tenuifolium 45

Polygonatum x hybrida 40, 78, 114
Polypodium vulgare 91, 119
Polystichum setiferum 40, 78
Populus
  P. alba 54, 116
  P. balsamifera 74
Primula auricula 74
Prunus
  P. armeniaca 39
  P. laurocerasus 49, 54
  P. spinosa 50
  P. x subhirtella 99
Pulmonaria angustifolia 78
Pulsatilla 18
Pyracantha rogersiana flava 39
Pyrus **118**
  P. calleryana 99, **118**
  P. nivalis 99, **118**

Raoulia australis 77
Rheum palmatum 10, **115**
Rhododendron 18
Rhus
  R. glabra 81
  R. typhina 115
Ribes sanguineum 55
Romneya coulteri 71
Rosa 113, 118, 119
  R. banksiae 7, 38, *100,* 121, 122
  R. canina 50
  R. eglanteria 49, 74, *101,* **118-19**
  R. glauca 110, 111, 115, 119
  R. longicuspis 96, *100*
  R. multiflora 43
  R. rugosa 49
  R. soulieana 119
Rosmarinus officinalis 49, 74, *101*
Rubus cockburnianus 81
Ruta 116
  R. graveolens 41, 74, *79, 101*

Sagina subulata 77
Salix 55, 98
  S. alba 54

S. purpurea 99, 111
Salvia
  S. officinalis 74, *78, 79, 101,* 112, 119
  S. sclarea 113
  S. sclarea turkestanica 11, 71, 77, **112-13**
Sambucus
  S. nigra 54, 55, 113, 115, *118,,* **119**
  S. racemosa 116
Santolina chamaecyparissus 49, *79*
Sarcococca
  S. confusa 74
  S. humilis 41, 116
Sasa veitchii 87
Schizandra rubrifolia 96
Sedum 78 S. maximum 79
  S. spectabile 79
  S. acre 77
Silene fimbriata 91
Sinarundinaria nitica 54
Sisyrinchium striatum 77, 110
Skimmia japonica 81, *91*
Smilacina racemosa 78
Smyrnium perfoliatum 91
Solanum **122-23**
  S. crispum 45, 54, *100,* **123**
  S. jasminoides 100 123
Soleirolia soleirolii 77, *91*
Sorbus 98
Spiraea arguta 14
Stachys byzantina 79
Stipa gigantea 115
Syringa 120
  S. vulgaris 119

Tanacetum vulgare 74, 119
Taxus baccata 123
Teucrium x lucidrys 49
Thalictrum **113**
  T. aquilegifolium 110, **113**
  T. dipterocarpum *38*
  T. flavum glaucum **113**
Thuja plicata 54
Thymus
  T. serpyllum 71, 77

T. vulgaris 101
Tiarella cordifolia 78
Tilia 21, 98
  T. x euchlora 81
Trachelospermum jasminoides 39, *44*
Tropaeolum
  T. peregrinum 54
  T. speciosum 50, 121
Tulipa 111

Ulmus x hollandica **119**
Uvularia grandiflora 91

Valeriana phu 70
Verbascum **113**
  Verbascum olympicum 71, 77, *113,* **113**
  V. phoeniceum **113**
Verbena **113**
  V. bonariensis 110, 111, **113**
Viburnum 45, 54
  V. carlesii 74
  V. henryi 45
  V. opulus 119, **119**
  V. plicatum 87
  V. tinus 49
Vinca
  V. major 87
  V. minor 70
Viola
  V. cornuta 79, 90
  V. labradorica 79, 93
Vitis 123
  V. coignetiae 32, 54, *93, 123,* **123**
  V. vinifera 33, 39, 54, 96, *100,* 118

Weigela florida 55, 78, 79
Wisteria 13, 114, **123**
  W. floribunda 39, 96, *100*
  W. sinensis 45, 54, 74, 122, **123**

Yucca 98, **115**
  Y. gloriosa 90, **115**

Remerciements

De l'auteur
Écrire un livre sur la conception des jardins est une entreprise si difficile que je me sentis très intimidée quand je débutai l'écriture. Je remercie tout l'équipe de Conran Octopus et l'illustratrice Shirley Felts pour leur aide.

Je suis reconnaissante de l'appui apporté par l'équipe du Royal Horticultural Society Garden à Wisley et par celle des Royal Botanic Gardens à Kew. Je remercie aussi Rosemary Verey pour ses encouragements, mes clients pour leur patience et mes parents pour leur soutien.

De l'éditeur
L'Éditeur anglais remercie les photographes et organisations suivantes pour l'avoir autorisé à reproduire leurs illustrations dans ce livre :

1 S&O Mathews ; 2-3 Ron Sutherland/The Garden Picture Library (Michael Balston Design) ; 4-5 Christine Ternynck (Huys de Dom) ; 6-7 Hugh Palmer : IPC Magazines Ltd/Robert Harding Syndication ; 8 Michael Boys/Boys Syndication ; 9 gauche Andrew Lawson ; 9 droite Brigitte Perdereau ; 10 Clive Nichols (Little Bowden, Berkshire) ; 11 hayt Georges Lévêque (M. et Mme Verstraten, Zaamslag) ; 11 bas John Glover ; 12-13 Brigitte Perdereau ; 14 Christine Ternynck ; 15 haut Brigitte Perdereau ; 15 bas Éric Chrichton Photos ; 16 haut Jerry Harpur/Elizabeth Whiting & Associates ; 16 bas Marianne Majerus ; 17 Ron Sutherland/The Garden Picture Library ; 19 Christine Ternynck ; 21 Georges Lévêque (M. et Mme Joyaux, Jardin privé à Crissay-sur-Manse) ; 22 Christine Ternynck ; 26-7 Marianne Majerus/The Garden Picture Library ; 30 Clive Nichols (Malvern Terrace, Londres) ; 32 Brigitte Perdereau/The Garden Picture Library ; 33 Rob Judges : IPC Magazines Ltd/Robert Harding Syndication ; 34 Clive Nichols (Heale House, Wiltshire) ; 35 Hugh Palmer ; 37 Eric Crichton Photos ; 39 Marianne Majerus ; 43 Neil Holmes ; 44 gauche Andrew Lawson ; 44 droite Eric Crichton Photos ; 45 Marianne Majerus ; 49 haut Christine Ternynck ; 49 bas Christine Ternynck ; 50 Jerry Harpur (House of Pitmuies, Guthrie-by-Forfar) ; 51 haut Christine Ternynck ; 51 bas Christine Ternynck ; 53 Andrew Lawson ; 54 Marianne Majerus ; 55 gauche Annette Shreiner ; 55 droite Michèle Lamontagne ; 56 Hugh Palmer ; 57 Michael Boys : IPC Magazines Ltd/Robert Harding Syndication ; 58-9 Gary Rogers/The Garden Picture Library ; 61 haut Marianne Majerus ; 61 bas Brigitte Perdereau ; 62 Hugh Palmer : IPC Magazines Ltd/Robert Harding Syndication ; 63 Michael Boys/Boys Syndication ; 65 gauche Jerry Tubby/Elizabeth Whiting & Associates ; 65 droite Christine Ternynck ; 66 Marianne Majerus ; 68 Photos Horticultural ; 69 haut John Glover/The Garden Picture Library ; 69 bas Eric Crichton Photos ; 72 Eric Crichton Photos ; 73 Ron Sutherland/The Garden Picture Library ; 74 Eric Crichton Photos ; 75 Hugh Palmer : IPC Magazines Ltd/Robert Harding Syndication ; 76 haut John Glover ; 77 John Glover/The Garden Picture Library ; 80 Jerry Harpur ; 81 Gary Rogers/The Garden Picture Library ; 82 Jerry Harpur/Elizabeth Whiting & Associates ; 83 Andrew Lawson ; 84 James Merrell : IPC Magazines Ltd/Robert Harding Syndication ; 87 Jerry Harpur ; 89 gauche Eric Crichton Photos ; 89 droite Noel Kavanagh ; 92-3 Clive Nichols (Osler Road, Oxford) ; 94 Andrew Lawson ; 95 Brigitte Perdereau ; 97 haut Jerry Harpur (Hazleby House) ; 97 bas Brigitte Perdereau ; 98 Marianne Majerus ; 102-3 Clive Nichols (Wollerton Old Hall, Shropshire) ; 104 Clive Nichols (The Winter Garden, University Botanic Garden, Cambridge) ; 105 Neil Homes ; 106 Jerry Tubby/Elizabeth Whiting & Associates ; 107 Rob Judges : IPC Magazines Ltd/Robert Harding Syndication ; 108-9 Vaughan Fleming/The Garden Picture Library ; 110 Brigitte Perdereau/The Garden Picture Library ; 112 Andrew Lawson ; 113 Jerry Harpur (Denmans) ; 116 Andrew Lawson ; 118 Didier Willery/The Garden Picture Library ; 119 Andrew Lawson ; 120 John Glover/The Garden Picture Library ; 122 Michael Boys/Boys Syndication ; 123 Andrew Lawson.

L'Editeur remercie aussi : Lesley Craig, Helen Ridge, Barbara Nash and Janet Smy.

Index original établi par Indexing Specialists, Hove, East Sussex BN3 2DJ.